Die Magie der Gefühle

Die Kommunikation hinter der Kommunikation

Von

Bernhard P. Wirth

und

Alexander S. Kaufmann

F. Hirthammer Verlag GmbH Oberhaching/München

1. Auflage
ISBN 3–88721–404-8

Übersicht

Inhaltsverzeichnis

Einleitung

Damit befassen wir uns in diesem Buch

- Vom Lernen und Umlernen – Grundlagen
- Die Magie der Gefühle – Die Kommunikation hinter der Kommunikation
- Ihre persönliche Ausstrahlung zieht Menschen an – Das Resonanzgesetz
- Ihr Sprache – ein Instrument der Kommunikation
- Menschen sehen und verstehen – Körpersprache

Weshalb Sie dieses Buch lesen und durcharbeiten sollten

Sehr geehrte Leserinnen und Leser,

mit diesem Buch haben Sie ein Instrument in der Hand, das Ihnen Möglichkeiten zu Glück im Leben und einer günstigeren Gestaltung Ihres Umganges mit sich selbst und mit Ihren Mitmenschen aufzeigt.

Dieses Buch zeigt Ihnen, liebe Leserinnen und Leser, die Wege zum Erfolg. Doch was nutzt Ihnen die Kenntnis des Weges, wenn er nicht gegangen wird? Die meisten Menschen unserer Zeit suchen nach einem Vorbild für ihre Orientierung im Denken und TUN®. Sie suchen einen Coach (Trainer) – einen, der ihnen sagt: «Denke so! Und du wirst erfolgreich!» «Tu jetzt dieses! Und du wirst gesund und glücklich!»

Wenn dann die Erwartungen nicht eintreffen, was leider häufig passiert, ist das zwar ärgerlich, aber es gibt ja einen Schuldigen: den Coach. Also ein neuer Versuch – ein neues Glück?

Ich denke, dauerhafter Erfolg ist nicht Glück oder das Ergebnis einer kurzzeitigen Betreuung durch einen Coach.

Könnte es sein, dass der Erfolg schon in Ihnen steckt – nur haben Sie ihm bisher nicht die Chance gegeben, sich zu entfalten?

?

Könnte es sein, dass Sie schon einen ganz persönlichen Coach haben – nur haben Sie bisher wenig oder gar nicht auf ihn gehört?

?

Genau dieser persönliche Coach sind Sie selbst! Keiner zeigt Ihnen ehrlicher den Weg, keiner teilt mit Ihnen ehrlicher Freud und Leid!

Sich selbst besser zu verstehen ermöglicht es auch, auf andere Menschen genauer einzugehen. Ihre Wahrnehmung schärft sich für die Signale der anderen. Sie können die Menschen in Ihrer Nähe verstehen und deren Bedürfnisse berücksichtigen.

Ihren Mitmenschen mit mehr Toleranz zu begegnen, damit meine ich keineswegs Gleichgültigkeit. Sie lassen ihnen Raum sich zu entfalten. Eine positive Wirkung auf Mitmenschen zu haben setzt voraus, auch sich selbst gegenüber tolerant zu sein. Dazu gehört, sich selbst zu akzeptieren, und das mit all den Stärken und Schwächen, Vorlieben und Abneigungen. Ihr Gefühl sich selbst gegenüber spüren die Menschen in Ihrer Umgebung ebenso wie Sie selbst.

Menschen, die im Einklang mit sich selbst sind, haben auch Sie sicherlich gern in Ihrer Nähe. Im Gegensatz dazu halten Sie vielleicht auch lieber etwas Abstand zu Menschen, die unsicher und ständig bemüht sind, den äußeren Schein zu wahren. Diese Menschen machen eventuell auch Sie unsicher. Es sind die vielen unsichtbaren «Fettnäpfchen», die die Kommunikation erschweren können. Dazu kommt die Angst, etwas Falsches zu sagen. In Gegenwart dieser Menschen fühlen Sie sich unwohl und Sie haben den Wunsch, diesen Kontakt schnellstmöglich abzubrechen. Solche Menschen sind auf die Dauer äußerst anstrengend.

Zu welcher Kategorie Menschen möchten Sie gehören? Diese Frage stellt sich Ihnen ganz sicher nicht, sonst hätten Sie dieses Buch niemals aufgeschlagen.

Sie möchten in der Lage sein, Konflikte so zu lösen, dass alle Beteiligten damit umgehen können. Sicherheit im Umgang mit sich selbst und anderen Menschen zu gewinnen und den eigenen Bedürfnissen Ausdruck verleihen zu können hilft, die Energie für das Wesentliche im Leben bereitstellen zu können. Missverständnisse und ungelöste Konflikte führen zu Reibungsverlusten, die Sie hindern könnten, Ihr Leben aktiv zu gestalten. Die Fähigkeit zur Kommunikation ist ein

Schlüssel zum Erfolg im Umgang mit seinen Mitmenschen.

Der große Dichter und Denker Johann Wolfgang von Goethe erkannte:

«Wir lernen die Menschen nicht kennen, wenn sie zu uns kommen. Wir müssen zu ihnen hingehen, um zu erfahren, wie es um sie steht.»

Diese Fähigkeiten im Umgang mit sich selbst und den eigenen Möglichkeiten zu entwickeln und zu festigen ist ein Anliegen dieses Buches. Es basiert auf den Erfahrungen, die sich in der Praxis meiner Kommunikationsseminare immer wieder aufs Neue bestätigt haben und bestätigen. Es ist geeignet zur Verfestigung und Erweiterung dieses Wissens.

Darüber hinaus ermöglicht es ein Selbsttraining von Menschen, die durch ihr kommunikatives Können

a) Erfolg haben und

b) erfolgreich zwischenmenschliche Beziehungen (zu Ehe- oder Lebenspartnern, Kindern, Mitarbeitern ...) gestalten

wollen.

Wann haben Sie das letzte Mal über Ihre Ziele nachgedacht? In der Hektik des Alltags kann es leicht passieren, dass Sie Ihre Ziele und Vorsätze nicht immer vor Augen haben. Durch den Inhalt dieses Buches können Sie Ihr Wissen immer wieder auffrischen und es bewusst anwenden. Mehr und mehr werden Sie es bei Ihrer Arbeit anwenden, ohne sich ständig darauf zu konzentrieren. Es geht Ihnen, sprichwörtlich gesagt, in Fleisch und Blut über.

«Schon gehört!», sagen Sie?
Ich sage: **«Das glaube ich Ihnen!»**
«Nichts Neues», sagen Sie?
Ich sage: **«Das weiß ich!»**
«Das kenne ich schon», sagen Sie?
Ich sage: **«Genau!»**

Genau hier wollen wir beginnen. «Das kenne ich schon» – ist die eine Seite der Medaille. Doch hat Wissen (Kennen) allein jemals etwas am Hier und Jetzt verändert?

Die Hummel kann nach den bekannten Gesetzen der Flugtechnik bei einer Flügelfläche von 0,7 Quadratzentimetern und einem Gewicht von 1,2 Gramm nicht fliegen.

Die Hummel kennt diese Gesetze aber nicht –
sie fliegt einfach!

Sie **TUT** es!

> *«Das Geheimnis des Könnens liegt im Wollen.»*
> (Giuseppe Mazzini)

Erreichen Sie Ihre Ziele! Wenden Sie Ihre Kenntnisse an und verwandeln Sie diese in KÖNNEN!

T(ag) **U**(nd) **N**(acht) Sie es!

Ihr tägliches TUN® bringt Ihnen Erfolg!

Viele, viele Erfolge in Ihrem täglichen TUN® wünschen Ihnen die beiden Autoren

Alexander Kaufmann und Bernhard P. Wirth.

Gestatten: Das ist Ihr SEPP!

Durch das Buch begleitet Sie eine Figur, die Ihrem Gehirn entspringt:
der SEPP. Sein Name ist abgeleitet von «**S**elbst-**E**rfüllende **P**rophezeiung in **P**ersonifizierter Form». Wir denken in Bildern und handeln entsprechend unseren Programmen. Diese werden von Ihrem SEPP im Gehirn verwaltet (er legt sie ab und holt sie wieder hervor, sobald Sie Ihre Bilder über die Sinne wahrnehmen, sich durch ein Stichwort an sie erinnern oder sie in einen neuen Zusammenhang stellen).

Freude-SEPP: Wie jede Person hat auch unser SEPP bestimmte Eigenarten. Glücklich ist er, wenn er etwas nicht so genau nehmen muss oder immer wieder bekannte Bilder holen kann.

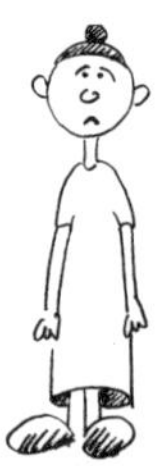

Der deprimierte SEPP: Mutlos und niedergeschlagen kann unser SEPP werden, wenn von ihm mit den Befehlen «100%», «exakt» und «vollkommen» ständig Höchstleistungen gefordert werden und er doch schon ganz müde ist.

Der hektische SEPP: Im Gespräch fällt ein Stichwort, zu dem unser SEPP viele Bilder aus seinen Lieblingsalben (Hobbys, Beruf, besondere Interessen) holt. Wir können diese Bilder gar nicht so schnell denken und sprechen, wie unser SEPP sie hervorholt.

Der geniale SEPP: Ihm verdanken wir zum Beispiel unsere genialsten Einfälle genau zur richtigen Zeit. So, wie wir manchmal super drauf sind, ist es auch unser SEPP.

Der Depp-SEPP: Ihm verdanken wir die oft unangenehmen Missverständnisse im Umgang mit anderen Menschen. Manchmal bringt er uns Bilder, mit denen wir gerade jetzt am wenigsten etwas anfangen können oder die uns auf eine falsche Spur locken. Unkonzentriert.

Der sture SEPP: Mit allem, was neu ist, tut sich unser SEPP schwer. Gegen neue Programme wehrt er sich mit aller Macht. Er bietet uns immer wieder zuerst die gewohnten Programme an.

Der müde SEPP: Zum Schlafen kommt unser SEPP selten, nachts arbeitet er und sortiert Bilder ein. Ab und zu bringt er uns so viele Bilder auf Vorrat, dass er sich kurz auf sein Bett legen und schlafen kann.

Gefühle entstehen aus der Ferne, Gefühle beherrschen die Momente, Gefühle ziehen weiter im Kreislauf des Lebens. Ein Festhalten – unmöglich. Was bleibt: die Erinnerung und die damit verbundenen neuen Gefühle.

Bernhard P. Wirth

Das Gefühl ist ein Ort zwischen Himmel und Erde.
Sein Leben mit den Gefühlen erleben,
so sehr wie möglich selbst sein können,
seinen Platz wahrnehmen und einnehmen,
sich seiner Rolle im Universum bewusst sein –
all das bedeutet/beinhaltet die Magie der Gefühle.

Alexander S. Kaufmann

Dank

Unser Dank gilt Birgit Henkel und Judith Kaufmann und allen Mitarbeitern der Wirth Institut für Coaching GmbH für die Inspirationen zu der Entstehung dieses Buches.

Kapitel 1
Vom Lernen und Umlernen

Damit befassen wir uns in diesem Kapitel

- ❖ Vom Lernen
- ❖ Gehirngerechtes Lernen
- ❖ Das menschliche Gehirn
- ❖ Unser SEPP
- ❖ Wir leben in Bildern
- ❖ Wir leben in Programmen

Vom Lernen ...

... und wie Sie Ihre Wachstumsbereiche besser nutzen

«Lernen» hieß hier zuerst einmal «erfahren»
In den ersten Lebensjahren kann das Lernen als **«aus der Umwelt/Natur erfahren»** umschrieben werden. Haben Sie einen heißen Ofen berührt, dann erfuhren Sie über das Schmerzgefühl, dass ein Ofen heiß sein kann. Es ist besser, ihn nicht anzufassen. Es prägte sich in Ihr Gehirn ein.

Sie haben Ihre Eltern beobachtet. Sie ahmten sie nach. Sie imitierten sie. Als kleiner Junge haben Sie vielleicht, wenn Sie Ihrem Vater bei der Reparatur des Autos zugesehen haben, danach Ihr kleines Spielzeugauto in seine Einzelteile zerlegt. Oder als kleines Mädchen haben Sie ebenso wie Ihre Mutter für die Familie gekocht. Natürlich auf dem Puppenherd, und in dem Töpfchen waren Kekskrümel, die Ihren Puppenkindern ja besonders gut schmeckten.

Intuitiv, das heißt schöpferisch, erprobten Sie sich selbst an verschiedenen Tätigkeiten, vor allem im Spiel. Sie lernten Gegenstände handhaben und Ihre eigenen Möglichkeiten kennen. Mit Spielzeug, das Ihre Phantasie entwickelte, wie Steckspiele, Bausteine oder Malfarben, sahen es Ihre Eltern recht gern. Ärger gab es dann, wenn

Sie Gegenstände aus dem Haushalt oder der Werkstatt in Ihr intuitives Spiel und Lernen einbezogen.

Lernen durch ständige Wiederholung
Beim **Lernen in der Schule** wurde Ihnen auf andere Weise Wissen vermittelt. Durch Wiederholen und Anwenden lernten Sie in den ersten Klassen die Schriftzeichen kennen. Unterschiedlich schnell, je nach Begabung, konnten Sie die Bilder der Buchstaben und die dazugehörenden Laute miteinander verbinden. Sie prägten sich Ihnen so ein, dass Sie sie im weiteren Leben, ohne noch darüber nachdenken zu müssen, immer wieder anwenden können. Sie wurden durch ständige Wiederholung in Ihr Gehirn eingeprägt. Beim Rechnen mussten Sie das Einmaleins auswendig lernen, damit es immer wieder abrufbar ist.

Der schulische Lernstoff, bis zur mittleren Reife grundlegendes Allgemeinwissen, benötigt die ständige Wiederholung von Begriffen, die in ihrem Zusammenhang erfasst werden müssen. Ihr Lehrer erklärte Ihnen mit Worten den Lehrstoff. Von der Tafel schrieben Sie die Begriffe ab. Zu Hause haben Sie dann vor einer Leistungskontrolle Ihre Aufzeichnungen mit ins Bett genommen und sind sie immer wieder durchgegangen. Denken Sie an die Zeit, als Sie dann, abends im

Bett oder noch am Schreibtisch, Seite für Seite Ihres Hefters umblätterten und schon vor Ihrem inneren Auge sahen: Wo steht diese Formel? Auf welcher Seite war jene Definition? Sie schlossen die Augen und sprachen den Inhalt vor sich hin. Sie hämmerten sich Formeln, abstrakte Zusammenhänge oder eine Reihe von Begriffen ein. Ihre Leistungen hingen in vielen Fällen von Ihrem Gedächtnis ab. Wehe, wenn Sie nicht im rechten Augenblick die passenden Begriffe bereit hatten! Da konnte so eine Klassenarbeit schon mal daneben gehen. Tausend göttliche Eingebungen – aber dann bitte zur rechten Zeit – sind nötig.

Nur die linke Hirnhälfte trainiert

Diese Art der Lehrstoffvermittlung verlangte von Ihnen Merkfähigkeit, Logik, die Gabe, in kausalen Zusammenhängen zu denken (Ursache = Wirkung), und sprachliche Fertigkeiten. Dabei wurde Ihre linke Hirnhälfte trainiert und gefordert. Das begrenzt die Leistungsfähigkeit.

Die so genannten «Eselsbrücken» haben es Ihnen in der Schule erleichtert, etwas schwer Merkbares zu behalten und immer wieder anzuwenden. Denken Sie dabei an Rechtschreibregeln: «Wer nämlich mit ‹h› schreibt, ist dämlich!» oder: «Gar nicht wird gar nicht zusammengeschrieben!»

Sie haben mit diesen Reimen auch gleichzeitig Bilder gespeichert.

Gehirngerechtes Lernen

Dies ist das Lernprinzip meines Buches und meiner Seminare. Es verbindet die Begriffe mit Bildern. Diese werden über unsere Sinne aufgenommen. Wahrnehmungen unserer Sinne sind Sehen, Hören, Tasten/Fühlen, Riechen und Schmecken. Bilder können in unserem Gehirn leichter gespeichert werden.

Bilder lassen sich leichter speichern
Denken Sie zurück! Wann haben Sie Ihr letztes Gedicht gelernt? Wie hieß es? Sagen Sie es einfach noch einmal auf!

Jedem von Ihnen, der jetzt frei rezitiert hat: Mein Glückwunsch! Versuchen Sie es gleich noch einmal mit der folgenden Geschichte. Alle diejenigen meiner Leserinnen und Leser, denen kein Gedicht mehr eingefallen ist, das sie auswendig kannten, fordere ich auf, trotz alledem weiterzulesen: Beweisen Sie Ihre Lernfähigkeit! Probieren Sie das folgende Angebot!

Versuchen Sie, den folgenden Spruch laut vor sich hinzusprechen! TUN® Sie es gleich nach dem ersten Lesen, ohne noch einmal ins Buch zu schauen!

> Zweibein saß auf einem Dreibein und knabberte an einem Einbein. Da kam Vierbein und nahm Zweibein das Einbein weg. Da nahm Zweibein das Dreibein und schlug damit nach Vierbein. Da ließ Vierbein das Einbein fallen. Zweibein nahm sich sein Einbein zurück und setze sich wieder auf Dreibein.

Na, ist es Ihnen gelungen? Noch nicht? Auch nicht schlimm. Sie haben für Ein-, Zwei-, Drei- und Vierbein vielleicht keine Bilder. Wenn Sie diese abstrakten Begriffe mit Bildern unterlegen, werden Sie ohne weiteres in der Lage sein, die kleine Geschichte frei zu erzählen.

Die Bilder:

Das **Zweibein – das ist ein Mensch**, das **Dreibein** – ein **Schemel** und das **Vierbein** – ein **Hund**. **Einbein**, das könnte ein **Eisbein** oder ein **Hähnchenschenkel** sein. Auch wenn Sie die Geschichte so nachsprechen, wie sie oben steht, fällt es Ihnen leicht.

Wie wichtig Bilder für unser Denken und Einprägen sind, können Sie bei der folgenden Übung selbst herausfinden:

Lesen Sie die folgenden Begriffe genau durch!

- Kerze
- Schwan
- Pyramide
- Koffer
- Hand
- Elefant
- Fahne
- Eieruhr
- Golfschläger
- 10-Euro-Schein

Legen Sie jetzt das Buch etwas außer Sichtweite und schreiben Sie die Begriffe auf ein Extrablatt!

Haben Sie alle Begriffe zusammenbekommen? Auch in der richtigen Reihenfolge? Wenn ja, so besitzen Sie eine ausgeprägte Merkfähigkeit. Wenn nicht, so versuchen Sie es auf die folgende Weise noch einmal. Ich gebe Ihnen jetzt zu den Begriffen die entsprechenden Bilder.

Decken Sie dazu die Begriffe ab!

Begriff	**Reihen-folge**	**Bedeutung**
Kerze	1	(lang und gerade)
Schwan	2	(geschwungen, wie eine 2)
Pyramide	3	(frontal gesehen ein 3-Eck)
Koffer	4	(hat 4 Ecken)
Hand	5	(die 5 Finger)
Elefant	6	(hat den Rüssel zur 6 geschwungen)
Fahne	7	(flattert im Wind, wie eine 7)
Eieruhr	8	(hat die Form der 8)
Golfschläger	9	(zum Schlag erhoben, wie die 9)
10-Euro-Schein	10	(der Betrag auf dem Geldschein)

Das erleichtert Ihnen sogar, die richtige Reihenfolge einzuhalten.

Nun haben Sie zu jedem Begriff ein Bild. Dabei ist es möglich, dass Ihr Bild von einem Schemel ein anderes ist als das meine. Das ist in Ordnung so. Denn es sind Ihre Bilder, welche in Ihrem Gehirn entstanden sind.

Das menschliche Gehirn

Wie sieht es Ihrer Meinung nach aus, unser Gehirn, unser Steuerungsorgan, unsere Schaltzentrale? Kein Begriff aus der Technik könnte ihm absolut gerecht werden. Es käme immer nur ein Ausschnitt zustande, der bedacht werden könnte. Jede Vereinfachung geht an der Wahrheit vorbei. Wollten wir alles erfassen, was unser Gehirn leistet, wie es aufgebaut ist und wie es funktioniert, so wäre damit mehr als ein Buch zu füllen. Es wäre hochwissenschaftlich und dennoch unvollständig. Das ginge an unserem Anliegen glatt vorbei. Deshalb erlauben Sie mir die Vereinfachung so weit, dass Sie dieses Wissen in Ihrem täglichen TUN® auch anwenden können.

Was ist nun unser Gehirn? Eine elfenbeinfarbene, gut durchblutete Masse? Mitnichten. Genauer betrachtet besteht es aus mehreren Hirnteilen.

Unser Gehirn nimmt alle Informationen aus unserer Umgebung auf, verarbeitet sie und speichert sie ab. Es steuert die Funktionen unseres Körpers. Es ist unsere Schaltzentrale. Von großer Bedeutung ist dabei das Großhirn. Es ist die Zentrale unseres Bewusstseins und teilt sich in die linke und rechte Hemisphäre (Hirnhälften). Beide Hälften werden getrennt und verbunden durch den Balken (corpus callosum).

Die Funktionen oder Arbeitsweisen beider Hirnhälften unterscheiden sich. Ihre Spezialisierung ist erst vor kurzer Zeit erkannt worden.

Linke Hirnhälfte für Logisches, Abstraktes
Die linke Hirnhälfte ist für das Logische, Rationelle, Abstrakte zuständig.
Wir denken mit ihr **linear** (eins nach dem anderen), **kausal** (Ursache und Wirkung) und **analytisch** (Zerlegung ins Detail). Alles ist begrenzt auf den Verstand. Die Arbeitsweise dieser Hirnhälfte wurde mit der Entwicklung unserer Zivilisation mehr und mehr als die wichtigere angesehen. In unserer Gesellschaft betrachtet man dieses Denken als «das richtige Denken», weil alle Sachverhalte logisch erklärbar und begründbar (ursachengebunden) sein müssen. Und so hat das linkshirnige Denken viele Bereiche im gesellschaftlichen Zusammenleben, in der Forschung und der Bildung erobert. Die Vermittlung des Schulwissens spricht uns linkshirnig an. Die Frage des Lehrers: «Wer weiß die richtige Antwort?» ließ nur die Antwort zu, die er gelehrt hatte.

Dem linkshirnigen Denken sind aber Grenzen gesetzt.

Rechte Hirnhälfte für Irrationales, Unlogisches
Die rechte Hirnhälfte ist der Sitz des Irrationalen und Unlogischen.
Hier denken wir in **Bildern**. Genau hier entsteht **Kreativität**, Denken über althergebrachte Grenzen hinaus. Alle Erfindungen, die dem Fortschritt dienten, haben wir Menschen zu verdanken, die in der Lage waren, über vorgegebene Grenzen hinauszudenken.

Ein Beispiel wäre Otto Lilienthal, der Vater der modernen Fliegerei. Die vorherrschende linkshirnige Meinung seiner Zeit war (getreu dem Gesetz der Schwerkraft): «Der Mensch kann nicht fliegen!» Lilienthal, ein rechtshirnig denkender Mensch, baute Fluggeräte und flog.

Albert Einstein glänzte in der Schule nicht gerade mit guten Leitungen. Seine genialen, das Weltbild verändernden Erkenntnisse sind sicher nicht das Ergebnis der linkshirnigen Denkweise.

> *«Das tiefste und erhabenste Gefühl, dessen wir fähig sind, ist das Erlebnis des Mystischen. Aus ihm allein keimt wahre Wissenschaft. Wem dieses Gefühl fremd ist, wer sich nicht mehr wundern und in Ehrfurcht verlieren kann, ist bereits seelisch tot.»*
> (Albert Einstein)

Die Leistungsfähigkeit Ihres Gehirns ist viel größer, wenn Sie beide Hirnhälften als ein Team nutzen. Mit meinem Buch und mit meinen Seminaren möchte ich Ihnen die Chance geben, diese Fähigkeiten, die in jedem Menschen schlummern, für sich und Ihren Erfolg nutzbar zu machen.

Bilder zu Sprache

Die Bilder unserer rechten Hirnhälfte müssen in der linken in Sprache umgewandelt werden. Es sollen dennoch Bilder bleiben. Dabei hilft uns unser SEPP, den ich Ihnen im nächsten Abschnitt vorstelle.

Funktionen der Hirnhälften

Links

Sprechen •
Wissenschaft,
Mathematik •
Schreiben, Lesen •
Logisches Denken •
Gedächtnis für
Wörter und
Sprachen •
Details, Analyse •
Organisation •
Kausales Denken
(Ursache – Wirkung) •
Rechte Körperhälfte

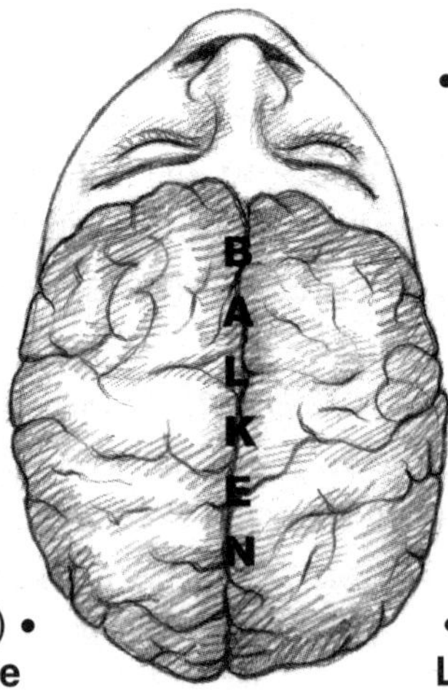

Rechts

• Denken in Bildern
• Wahrnehmungen
• Ganzheitliche
Erfahrungen
• Kunst
• Musik, Tanz
• Kreativität
• Phantasie
• Gedächtnis für
Personen, Erlebnisse, Dinge
• Analoges Denken
Linke Körperhälfte

Unser SEPP

Wer oder was ist SEPP?

SEPP – das ist ein imaginäres (also vorgestelltes) Wesen. Ein kleines Männchen in unserem Gehirn.

Unser SEPP wird Ihnen helfen, sich die Zusammenhänge, die im Gehirn vor sich gehen, vorzustellen.

SEPP – sein Name bedeutet:

S selbst
E erfüllende
P Prophezeiung
P Person – eben, damit unser SEPP personifiziert ist

Aufgaben unseres SEPP

Im Gehirn hat unser SEPP bestimmte Aufgaben. Er nimmt alle Sinneswahrnehmungen auf und ordnet sie als Bilder in unserem Gehirn ein. Zu vergleichen wäre das mit Bildern, die Sie selbst in Fotoalben einkleben. Diese werden dann in Regalen abgelegt. Die Fotoalben tragen Überschriften, damit sie unser SEPP leichter wiederfindet. Die Überschriften könnten lauten: «Unser letzter Urlaub», «Meine erfolgreiche Tätigkeit bei K.» oder « Meine Freundschaft mit Gabi».

Mit jedem Gedanken erhält unser SEPP Arbeit. Mal ist er dabei, neue Bilder einzusortieren. Zu anderen Gegebenheiten holt er für seinen «Chef» (den Menschen, in dessen Kopf er arbeitet) vorhandene Bilder hervor, damit dieser seine Bilder denken und aussprechen kann. Vielleicht denken Sie jetzt: «Ein Männchen im Gehirn? Und das läuft da auch noch herum und sortiert Bilder? Nein!»

Wo wandern die Augen hin?

Bitten Sie eine andere Person, mit Ihnen ein kleines Experiment zu machen! Stellen Sie dieser Person die folgenden Fragen und achten Sie dabei auf die Augenstellungen, bevor die Fragen beantwortet werden.

1. Wo waren Sie das letzte Mal im Urlaub? In Spanien (oder auch Italien, je nachdem, wo Ihre Versuchsperson war)? Wie war es dort? Warum hat es Ihnen dort so gut gefallen?

2. Beschreiben Sie die Stimme Ihres Nachbarn! Wie klingt seine Stimme?

3. Was fühlen Sie, wenn Sie an Ihren (Ehe-)Partner denken?

Der da die Augen Ihrer Versuchsperson bei der ersten Frage nach oben führte, sie bei der zweiten Frage in der Mitte hielt und bei der dritten Frage nach unten absenkte – das war unser SEPP.

Unser SEPP hat Verbindung mit den Augen, den Ohren und zum Gefühl seines Chefs.

Das Fotoalben-Regal hat in unserem Gehirn drei Fächer.

Im oberen Fach, geben wir ihm die Nummer 1, sind alle visuell abgesicherten (gesehenen) Bilder abgelegt. Die Pupillen seines Chefs gehen nach oben, wenn er gefragt wird: «Was gefiel Ihnen im letzten Jahr an Ihrem Urlaubsort besonders?»

Im mittleren Fach (Nummer 2) haben alle die Bilder ihren Platz, die unser SEPP gehört hat. Fragt der Chef nach diesen, so sind die Pupillen geradeaus gerichtet. Das ist der Fall, wenn jemand Sie fragt: «Welche Stimme hat Ihr Nachbar?»

Im unteren Fach (Nummer 3) sind alle die Bilder zu finden, die mit dem TUN® in Verbindung stehen. Alles das, was sein Chef getan hat und was er dabei fühlte, hat unser SEPP in diesem Fach einsortiert. Wird sein Chef nach diesen Bildern gefragt, richten sich seine Augen nach unten.

Unser SEPP hat keine festen Schlafenszeiten. Er muss sogar nachts noch ran. In der Nacht leistet unser SEPP sogar Schwerstarbeit. Deshalb ist er tagsüber manchmal sehr müde. Er musste alle Ihre Bilder einsortieren, die er tagsüber nicht geschafft hat. SEPP hilft Ihnen bei der Verarbeitung des Tages, bei der Bearbeitung von Aufgaben bzw. bei der Bewältigung von Problemen, die Sie schon lange mit sich herumtragen. Sie träumen. So wichtig sind die nächtlichen Aktivitäten von unserem SEPP, denn ohne zu träumen kann kein Mensch überleben.

Haben Sie z. B. zu viel Alkohol getrunken, dann kann sich Ihr SEPP nicht mehr konzentrieren. Er bringt vieles durcheinander. Dann färbt er Ihre Bilder rosarot oder tiefdunkel. Die Bilder, die er aufgenommen hat, sortiert er unter der falschen Überschrift ein oder wirft die wichtigen in den Papierkorb. Sie können sich an manche Dinge gar nicht mehr erinnern oder Sie haben nur noch eine verschwommene Vorstellung von dem, was in diesem Zustand geschah. Eins kann unser SEPP fast immer: Er findet den richtigen Weg nach Hause. Wenn Sie dann am nächsten Morgen mit brummendem Kopf aufwachen, können Sie sich nicht mehr so recht vorstellen, wie Sie nach Hause gekommen sind.

Hat unser SEPP **mal nichts zu TUN®**, dann liegt er in seinem Bett und schläft. Allzu oft passiert das nicht, denn meist ist unser SEPP sehr fleißig und vorausschauend. Er bringt auch Bilder aus den Alben, die Sie vielleicht gebrauchen könnten, und bietet sie Ihnen zusätzlich an. Das tut er auch ohne Aufforderung. So haben Sie für den Augenblick viel zu denken und zu reden. Unser SEPP kann sich dann ein Weilchen ausruhen und ein bisschen faul sein.

Im Laufe der Jahre hat unser SEPP **Vorlieben für bestimmte Alben** entwickelt. Das können die Alben sein, die in Verbindung mit Ihrer Arbeit oder Ihrem Hobby entstanden sind. Er hat sie griffbereit abgelegt und bietet sie Ihnen immer wieder an. Mit neuen Bildern tut sich unser SEPP etwas schwer. Sie bedeuten Arbeit, denn er muss sie aufräumen. Vor dem Lernen würde er sich gerne drücken.

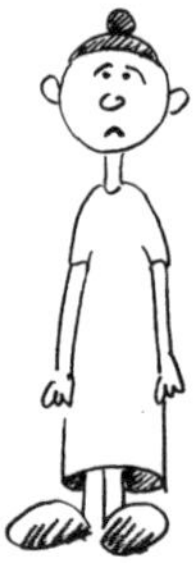

Worte, die unser SEPP nicht sehr mag, sind: «**konkret**», «**100 %**», «**genau**». Diese fordern ihn zu Höchstleistungen auf. Da muss er vollkommene Arbeit leisten. Lieber sind ihm diese Worte: «**man**», «**vielleicht**» oder «**eigentlich**». Die muss er nicht ernst nehmen. Unser SEPP winkt dann schon mal ab, zieht sich auf sein Bett zurück und wartet ab.

Haben Sie sich gerade **verliebt**, dann läuft Ihr SEPP auf Hochtouren. Er muss das Bild Ihres neuen Partners wie ein vielteiliges Puzzle zusammentragen. Der neue Partner ist jetzt häufig in seiner Nähe, und er muss sich an ihn gewöhnen. Er speichert ab, wie er riecht, schmeckt, aussieht, welche Ansichten und Vorlieben der andere Mensch hat oder wie seine Stimme klingt. Über alle Sinneswahrnehmungen kommt «Neues» herein.

Hat Ihr SEPP nach einer geraumen Zeit die Bilder von Ihrem neuen Partner abgespeichert, so läuft er wieder ruhiger. Das Verliebtsein lässt nach. Unser SEPP kann sich wieder mehr auf andere Dinge konzentrieren.

Haben Sie Kinder? Wenn ja, dann wissen Sie, dass Sie sich immer wieder in Ihre Kinder neu verlieben. Sie wachsen und verändern sich ständig. Da hat Ihr SEPP immer wieder an diesem Puzzle zu arbeiten.

Die einzige Situation, in der unser SEPP nichts zu TUN® hat, ist im Orgasmus. In diesem Stadium hört der Mensch auf zu denken. Da hat unser SEPP, das kleine Männchen im Gehirn, **endlich einmal seine Ruhe**. Hinterher fragt er dann: «Na, war's diesmal schön – oder nicht ganz so gut?»

Informationen, die unser SEPP erhält, für die es keine Bilder im Gehirn gibt und die schwer in Bilder umzusetzen sind, **wirft er in den Papierkorb**. Sie sind für ihn nicht fassbar oder er sieht sie als unwichtig an.

Gehen Sie, wie schon so oft, den Weg zum Postamt, um Briefmarken zu kaufen, und kehren Sie den gleichen Weg zurück, so können Sie sich an kaum eine der Einzelheiten erinnern, die auf dem Weg zu sehen waren. Unser SEPP kannte die Bilder schon. Er hat sie als selbstverständlich hingenommen. Anders ist es, wenn Sie einen Bekannten getroffen haben, der Ihnen eine wichtige Neuigkeit mitteilte. Da hatte unser SEPP Bilder, die er aufräumen musste.

«Nicht» kennt er nicht

Vollkommen **unbekannt** sind dem SEPP die Worte «nicht» oder «kein». Für diese Worte findet unser SEPP in der rechten Gehirnhälfte kein Bild. Denken Sie jetzt bitte nicht an eine grüne

Maus mit roten Ohren, die gerade an der Wand nach oben läuft. Was ist geschehen? Unser SEPP holt das Bild Maus hervor, weil er das Wort «nicht» nicht kennt. Stellen Sie sich jetzt **nicht** Ihre Nase vor! Ihr SEPP tut es trotzdem. Was hat Ihr SEPP verstanden? **«Eigene Nase!»**

Bieten sie Ihrem SEPP doch mal folgende Aufforderungen an und betrachten Sie die Bilder, die er holt!

- Schneide dir nicht mit dem Messer in den Finger!
- Laufe nicht auf die Straße, sonst wirst du überfahren!
- Bitte nicht den Rasen betreten!

Nun? Wie sahen Ihre Bilder aus?

Jetzt wissen Sie einiges über Ihren/unseren SEPP. Wie sieht Ihr persönlicher SEPP denn aus? Sieht er pfiffig aus? Wirkt er fröhlich oder verschmitzt? Ist er müde oder mürrisch? Oder ist Ihr SEPP munter und aufmerksam?

Halten Sie positive Zwiesprache mit Ihrem SEPP! Ein fröhlicher und gut gelaunter SEPP bringt Ihnen Bilder, die Sie fröhlich machen und Sie voller Energie Ihre Aufgaben erledigen lassen.

Stellen Sie sich vor, Sie sind unterwegs zu einem Vorstellungsgespräch. Die angebotene Arbeitsstelle entspricht in allem Ihren Wünschen. Auf jeden Fall wäre es für Sie eine Riesenchance, sich beruflich weiterzuentwickeln.

Da schießt Ihnen ein unguter Gedanke durch den Kopf.

Welche Bilder bringt Ihnen Ihr SEPP? Sie sehen sich in dem Sessel immer kleiner werden, ziehen den Kopf ein? Ein flaues Gefühl stellt sich in der Magengegend ein? Sie möchten am liebsten umkehren?

Möglich. Doch machen Sie Ihren SEPP zu Ihrem Freund. Lassen Sie sich Bilder bringen, die Ihnen tatsächlich gerecht werden. Führen Sie sich vor Augen, welche Herausforderungen Sie bisher gemeistert haben. Rufen Sie Bilder hervor, wie dieses Gespräch in entspannter Atmosphäre verlaufen wird. Der Personalchef trägt Verantwortung und ist auf der Suche nach einem oder einer qualifizierten Mitarbeiter/-in. **Sie sind genau das, was er sucht!** Sonst hätten Sie sich sicher niemals beworben.

Wie fühlen Sie sich jetzt?

Führen Sie positive Selbstgespräche
Machen Sie Ihren SEPP zu Ihrem Kooperationspartner, wenn Sie allein sind und eine Entscheidung treffen. Fragen Sie Ihren SEPP, was er dazu meint! Diskutieren Sie mit Ihrem SEPP negativ, dann ist das Ergebnis ebenfalls negativ. Positive Selbstgespräche haben auch einen positiven Ausgang.

Jeder hat für die Begriffe seine eigenen Bilder, die unser SEPP bei ihrer Nennung hervorsucht und vor dem geistigen Auge ausbreitet.

Fällt ein bestimmtes Wort – nehmen wir einmal «Wald» –, so holt unser SEPP ein bestimmtes, bei jedem aber ein anderes Bild hervor. Der eine stellt sich ein weiß schimmerndes Birkenwäldchen mit einem grünen Rasenteppich, der andere einen duftenden Tannenwald und der dritte einen herbstlich lichtdurchfluteten Buchenhain vor. Die Vorlieben, Interessen und Erfahrungen eines Menschen beeinflussen, welches Bild unser SEPP bei der Nennung eines Wortes liefert.

Wir leben in Bildern

Bilder sind mit Gefühlen gekoppelt

Im Laufe unseres Lebens legt unser SEPP alle unsere Erfahrungen und Wahrnehmungen in Form von Bildern in unserem Gehirn ab. Mit diesen Bildern verbinden sich Empfindungen, Gefühle. Deren Intensität, und ob positiv oder negativ gefärbt, wird davon beeinflusst, unter welchen Umständen die Bilder in uns entstanden sind.

Stellen Sie sich vor, Sie haben einen hohen Berg erklommen. Sie stehen auf dem Gipfel und betrachten die wunderschöne Aussicht. Sie sind stolz auf Ihre Leistung und genießen die frische, reine Luft.

Die gleiche Freude und das gleiche Wohlbefinden erleben Sie, wenn Sie später wieder daran denken.

Welches Erlebnis fällt Ihnen spontan ein? Was empfinden Sie dabei?

Wann haben Sie sich das letzte Mal so richtig blamiert? Was fühlen Sie dabei?

Gerade jetzt, wenn Sie das Buch lesen, entstehen in Ihnen weitere Bilder. Wenn Sie daran denken, was Sie heute früh gemacht haben, wie Sie den gestrigen Abend verbrachten oder Ihren letzten Urlaub; Ihr SEPP bringt Ihnen Bilder, Ihre ganz persönlichen, erlebten Bilder.

Lassen Sie Ihren SEPP mal rennen! Welche Bilder bringt Ihnen Ihr SEPP bei diesen Fragen?

? Wie war Ihr letzter Besuch beim Zahnarzt?

? Wie wäre es, wenn Sie mit einem Bungee-Seil an den Füßen auf einer 100 m hohen Plattform stehend in die Tiefe schauen, wobei Menschen und Gebäude zu Miniaturen geschrumpft sind, und Sie wissen, gleich sagt jemand hinter Ihnen: «Spring!»?

? Was fällt Ihnen beim Begriff «Ozean» ein?

? Welche Bilder erscheinen Ihnen, wenn Sie an Ihre neuen Schuhe denken?

? Stellen Sie sich vor, Sie befinden sich auf einem Empfang und Sie haben bei der Schlacht am Büffet eine Portion Mayonnaise auf die Jacke bekommen. Wie fühlen Sie sich?

? Wäre es nicht an der Zeit, mit den Kindern mal wieder einen Tag auf dem Rummelplatz zu verbringen?

Wie ist die Familienstimmung, wenn Ihre Waschmaschine den Geist aufgegeben hat? **?**

Wie wäre es, wenn Sie plötzlich allein auf der Welt wären? **?**

Wieso nicht mal ins Blaue verreisen? **?**

Wäre nicht mal wieder Zeit für einen gemütlichen Abend zu zweit bei Kerzenschein, funkelndem Wein und leiser Musik? **?**

Wir leben in Programmen

Im Laufe Ihres Lebens hat unser SEPP sich ganz bestimmte Programme angeeignet. Diese Programme sind Handlungsmuster, die, einmal gespeichert, weil ihr Ergebnis uns als vorteilhaft erschien, immer wieder von uns nachvollzogen werden. Es sind Gewohnheiten, in welcher Art und Weise wir etwas TUN®, etwas wahrnehmen. Was sehen Sie in diesem Bild?

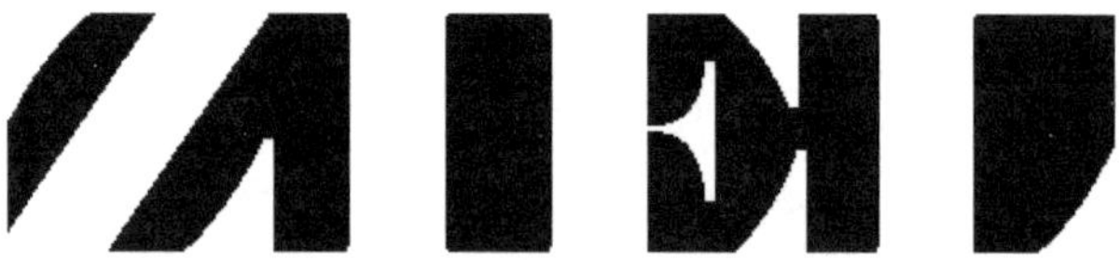

Das Wahrnehmungsprogramm erwartet etwas anderes

Haben Sie herausgefunden, was es ist? Es sind weiße Buchstaben, die ein Wort bilden. Ihr Wahrnehmungsprogramm erwartet schwarze Buchstaben auf weißem Papier. Mit einiger Mühe, wenn Sie die obere oder untere Kante abdecken, können Sie das Wort «Ziel» erkennen.

Ähnlich verhält es sich mit den folgenden Bildern. Was sehen Sie?

Sehen Sie eine alte oder eine junge Frau? Beide?

Was sehen Sie?

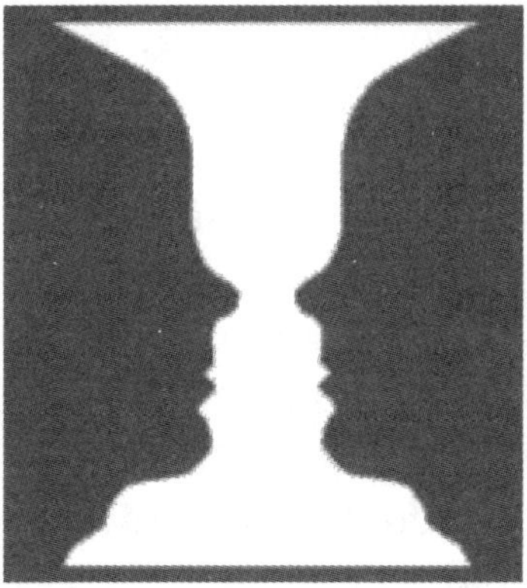

Sehen Sie eine Vase oder zwei Gesichter?

Stellen Sie sich folgende Situation vor: Sie kommen in einen großen Raum, der mit einem roten Teppich ausgelegt ist. Auf dem Teppich liegt zerbrochenes Glas. Der Teppichboden ist nass. Karl und Josephine liegen am Boden. Sie sind tot.

?? Was ist hier geschehen? Welche Bilder bringt Ihnen Ihr SEPP?

Ich habe aber folgendes Bild vor Augen: Das Aquarium ist durch einen Windstoß heruntergefallen und zerbrochen. Den Goldfischen Karl und Josephine hat dieses Unglück das Leben gekostet.

Hört unser SEPP Namen, so holt er Bilder von Menschen hervor und verknüpft diese dann weiter mit passenden («menschlichen») Situationen. Das ist ein Programm. Welche Bilder hat Ihnen Ihr SEPP angeboten? Mord, Gift oder andere menschliche Dramen?

Ähnliche Situation = ähnliches Programm

Genau wie mit den Bildern verhält es sich mit den Programmen. Jeder von uns hat seine eigenen Programme in seinem Gehirn abgespeichert. Die bringt Ihnen Ihr SEPP immer wieder in ähnlichen Situationen. Dadurch vollzieht sich Ihr Denken und Handeln immer wieder nach einem Muster, einem Programm.

Erinnern Sie sich:

Wie lesen Sie jeden Morgen Ihre Zeitung? Beginnen Sie mit der ersten oder der letzten Seite?

Wie verläuft in Ihrer Familie meistens der Sonntagmorgen? Wie verläuft meistens Ihr Weg zur Arbeit?

Wie fühlen Sie sich, wenn es anders ist?

Nehmen wir als Beispiel mal die Familie Möller. Stellen wir uns eine ganz normale Durchschnittsfamilie vor.

Was verstehen wir unter einer ganz normalen Familie?

Nehmen wir an, es sind Ehemann und Ehefrau, und sie haben zwei Kinder. Damit auch alles durchschnittlich stimmt, sind es ein Junge und ein Mädchen. In unserer ganz normalen Familie ist das Mädchen etwas älter. Der Junge ist der Kleine (damit ihn der Papi so richtig verwöhnen kann).

Wer steht morgens als Erster auf in einer ganz normalen Familie? Natürlich die Mutter. Wer wird dann geweckt? Als Nächstes die Tochter und dann der Sohn. Am längsten darf der Vater in dieser Familie schlafen. Mit diesem Programm beginnt jeder Tag. Es ist das Programm, das für diese soziale Gruppe bedeutsam ist. Störungen in diesem Programmablauf rufen Stress hervor.

Programme, die Gleise unseres Lebensweges

Unsere Programme steuern unser Leben. Das muss auch so sein. Es erleichtert uns die Organisation von Abläufen, unser Denken und das Zusammenleben. Es gibt allerdings auch Programme, die uns hindern, erfolgreich zu sein. Eines davon ist die Aufschieberitis. Wer von diesem Programm gesteuert wird, der läuft auch dem Papiergebirge auf seinem Schreibtisch ständig hinterher. Unser SEPP sagt zu unliebsamen Aufgaben: «Das ist jetzt nicht so wichtig. Es gibt da einiges, das ist viel, viel wichtiger!» Und schon holt unser SEPP, und da wird er plötzlich ganz fleißig, einige Bilder von Situationen heraus, die unbedingt vorher noch gelöst werden müssen.

Welche Arbeitsaufgabe macht Ihnen keine Freude? Beobachten Sie sich (oder Ihren SEPP), welche Bilder er in dieser Situation anbietet. Sind es Bilder von Aufgaben und Situationen, die Sie jetzt lieber lösen würden? Weil diese vielleicht «viel, viel wichtiger» sind? Oder wehren Sie sich gegen die unliebsame Aufgabe, weil sie neu ist und Umdenken erfordert?

Denken aus den gewohnten Bahnen hinaus heißt das Programm verlassen. Und gerade das mag unser SEPP nicht. Das muss nicht sein. Ein Programm kann auch geändert werden.

Programme ändern – eingefahrene Gleise verlassen

Jeder hat seine eigenen Programmierungen. Versuchen Sie einmal, die Arme zu verschränken. Die Finger welcher Hand verschwinden unter dem Oberarm? Die der rechten oder die der linken Hand? Ein gleichartiges Programm steuert Sie, wenn Sie Ihre Hände ineinander legen. Der Daumen welcher Hand ist oben? Versuchen Sie es einmal andersrum! Was ist passiert? Welche Seite mag Ihr SEPP lieber? Mag er mehr das Bekannte oder das Neue? Es klappt, aber nicht genauso schnell. Es kommt Ihnen auch irgendwie komisch vor. So entspricht es nicht Ihrem Programm. Sollten Sie dieses Programm ändern? Nein. Es wäre nicht sinnvoll, denn es brächte Ihnen keinen Nutzen.

Bei anderen Gewohnheiten (Programmen) sollten Sie darüber nachdenken, ob sich eine Änderung Ihres SEPP für Sie positiv auszahlen könnte.

Veraltete Programme
Programme, die einmal durchaus positive Wirkungen für Sie hatten, können in späteren Situationen ins Gegenteil umschlagen. Ängste, die uns als Kinder vor Gefahren schützen sollten, können den Wirkungskreis eines erwachsenen Menschen derart einschränken, dass er weit unter seinen Möglichkeiten bleibt. Dieses Programm blockiert. Glauben Sie an sich selbst, an Ihre Kraft und Ihre Fähigkeiten! Ein solches Programm zu ändern bringt Ihnen Vorteile. Die Änderung wird belohnt mit Freude. Je öfter Sie dieses Programm ablaufen lassen, je mehr Sie sich darin konditionieren, desto häufiger bietet es Ihnen Ihr SEPP an. Entwickeln Sie Programme für sich, die Ihrem Erfolg dienen.

Stellen Sie sich vor, es klingelt an Ihrer Wohnungstür. Was denkt Ihr SEPP jetzt? 1x klingeln: Da steht ein Fremder vor der Tür. 2x klingeln: Es sind Verwandte oder Bekannte. Es klingelt Sturm oder wenigstens 5x: Das können nur die eigenen Kinder sein.

Zweimal klingeln!
Wie oft klingeln Sie an der Tür Ihrer Freunde und Bekannten? Einmal? Dann ändern Sie dieses Programm, denn der SEPP Ihres Bekannten bringt in diesem Fall Bilder von einem Fremden. **Klingeln Sie bei Ihren Freunden immer zweimal!**

Zusammenfassung

1. Aus Ihrem KENNEN wird durch Ihr TUN® Ihr KÖNNEN. Ihr tägliches TUN® bringt Ihnen Erfolg! Um Ihr Wissen (Kennen) in Geld/Erfolg (Können) zu verwandeln, müssen Sie etwas TUN®!

2. Nutzen Sie die Kapazität Ihres Gehirns, lernen Sie gehirngerecht. Nutzen Sie Bilder beim Denken und Sprechen. Bildhafte Sprache und bildhafte Darstellungen lassen sich in Ihrem Gehirn leichter speichern.

3. Machen Sie sich unseren SEPP zu Ihrem besten Gehilfen. Halten Sie mit ihm positive Zwiesprache, wenn Sie eine Situation lösen wollen.

4. Wir leben in Bildern und Programmen. Sprechen Sie die Bilder Ihres Kommunikationspartners an. Setzen Sie sich Programme, die Sie auf Ihrem Erfolgsweg noch weiter nach vorne bringen.

5. Bedenken Sie, dass Kommunikation immer auf zwei Ebenen abläuft: auf der Beziehungs- und auf der Inhaltsebene. Die Beziehungsebene schafft die Bedingungen für das Funktionieren der Kommunikation auf der Inhalts-

ebene. Schaffen Sie sich eine positive Einstellung zu Ihren Mitmenschen und zu sich selbst, damit Sie erfolgreich kommunizieren können!

6. Die im Gehirn abgelegten Bilder sind mit Energie versehen. Beim Abruf setzen sie Energie frei, die als Gefühl im Körper gespürt wird. Wählen Sie Ihre Worte so, dass Bilder mit angenehmen Gefühlen entstehen!

Feedback

Welche Erkenntnisse haben Sie aus diesem Kapitel für sich selbst gewonnen? Wie wollen Sie diese in der Praxis umsetzen?

Schreiben Sie sich die wesentlichsten Erkenntnisse und Vorhaben auf!

Kapitel 2
Die Magie der Gefühle – Die Kommunikation hinter der Kommunikation

Damit befassen wir uns in diesem Kapitel

- Kommunikation ist mehr als miteinander reden
- Wo entstehen in uns die Gefühle?
- Gekonnt und gezielt Fragen stellen
- Das Reptiliengehirn
- Das Polaritätsgesetz

Kommunikation ist mehr als miteinander reden

Übersetzen möchte ich Ihnen den Begriff Kommunikation mit «Verständigung» oder «Informationsübermittlung». Verständigen wir uns allein mit Worten? Keineswegs. Sie können auch ohne Worte kommunizieren, ohne es bewusst zu wollen.

«Man kann nicht nicht kommunizieren»,

sagt der bekannte österreichische Psychologe Paul Watzlawick. Auch ohne Worte senden und empfangen wir Signale zu und von anderen Menschen.

Für den ersten Eindruck erhält niemand eine zweite Chance, so lautet ein inzwischen schon geflügeltes Wort. In den ersten etwa acht Sekunden einer erstmaligen Begegnung werden sehr viele Wahrnehmungen von unserem SEPP in Bilder umgewandelt und mit vorhandenen verglichen. Unser SEPP schätzt unsere Mitmenschen ein.

Wir kommunizieren miteinander immer auf zwei Ebenen: auf der Inhaltsebene und auf der Beziehungsebene:

Inhaltsebene	Austausch des Gesprächsinhaltes/Thema
Beziehungsebene	kennzeichnet die Beziehung des Kommunizierenden zu dem Thema und dem Gesprächspartner auf der Gefühlsebene

75 % Beziehungsebene und 25 % Inhaltsebene
Ungefähr 75 % läuft über die Beziehungsebene ab, 25 % über die Inhaltsebene.

Die folgende Situation haben Sie, liebe Leserin, lieber Leser, wahrscheinlich schon mehrfach so oder ähnlich erlebt: Sie sitzen in einer überfüllten Autobahnraststätte. Alle anderen Tische sind besetzt. Eine Dame steht mit einem vollen Tablett im Raum und schaut sich suchend nach einem Platz um. Sie nehmen sie wahr, wie sie sich auf Sie zu bewegt. Auf der Beziehungsebene haben Sie entschieden:

Darf sie sich zu Ihnen setzen oder nicht? In diesem Moment haben Sie für sich entschieden, ob es für Sie angenehm wäre, wenn sie sich zu Ihnen setzen würde, oder nicht. Die Dame entscheidet sich im gleichen Augenblick.

Ist es Ihnen angenehm, in Gesellschaft dieser Person Ihre Mahlzeit einzunehmen oder nicht?

Sie spürt auf der Beziehungsebene, ob sie willkommen ist oder sie sich besser einen anderen Platz suchen sollte.

Die Beziehungsebene wird durch viele zusammenwirkende Einzelelemente (Ausstrahlung, Mimik, Gestik, Körpersprache u. a.) bestimmt, die nur zusammen wahrgenommen werden. Ihre persönliche Einstellung signalisieren Sie ihr unbewusst. Wechselseitig senden beide Personen Signale aus, die beim Empfang die Beziehungsebene entstehen lassen.

Die Dame spricht nun ihren Wunsch aus, an Ihrem Tisch Platz nehmen zu dürfen. Das Gesagte läuft über die Inhaltsebene ab. Der Klang ihrer Stimme, die Sprechweise wirken wieder auf die Beziehungsebene. (Unser SEPP sucht im mittleren Albenregal Bilder und bietet Sie Ihnen zum Vergleich an.)

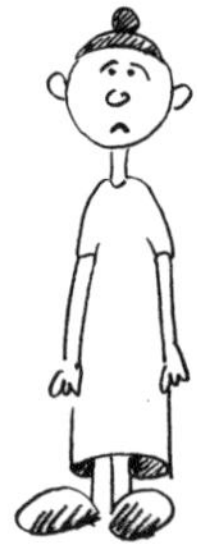

Die Beziehungsebene bestimmt, wie die Inhalte beim Partner ankommen. Ist sie gestört, so ist das die Quelle von Missverständnissen oder Kommunikationsstörungen. Bringt uns unser SEPP Bilder, die negative Gefühle in uns auslösen, dann beeinträchtigen sie den sachlichen Inhalt des Gesagten.

Eine gelungene Kommunikation setzt also voraus, dass die Beziehungsebene positiv gestaltet wird. **Jeder, der in Kommunikation tritt, ist also zuallererst Beziehungsmanager.** Je besser er/sie in der Lage ist, ein positives Klima herzustellen, umso angenehmer ist der kommunikative Austausch.

Die vier Ebenen einer Nachricht

Eine Nachricht hat nach Schulz von Thun vier Ebenen. Wir sprechen demnach mit vier Mündern und hören mit vier Ohren. Eine Nachricht enthält danach einen **Inhalt**, einen **Appell**, eine **Selbstoffenbarung** und **spiegelt die Beziehung** zum Kommunikationspartner wider.

Ein junges Ehepaar hat sich zum Mittagessen niedergesetzt: «Du, was ist das für schwarzes Zeug zwischen den Nudeln?», fragt der Ehemann.

Inhalt	Was ist das?
Selbstoffenbarung	Ich esse nicht gern, was ich nicht kenne.
Appell	Koche so wie meine Mutter.
Beziehungsebene	Zweifel an den Kochkünsten der jungen Frau, akzeptiert keine neuen Speiseangebote.

«Wenn es dir nicht schmeckt, so iss bei deiner Mutter», lautet die Antwort der verletzten Ehefrau. Der inhaltliche Teil der Frage wurde von ihr nicht beantwortet.

Die Beziehungsebene des Paares unterliegt Störungen. Das erschwert eine inhaltliche Verständigung. Wäre die Beziehungsebene des Paares in Ordnung, hätte die Antwort der Ehefrau gelautet: «Liebling, das ist ein chinesisches Gericht. Das Schwarze, nach dem du fragst, sind chinesische Pilze. Probiere sie nur. Sie schmecken ausgezeichnet.»

Inhalt	Es ist eine chinesische Pilzart.
Selbstoffenbarung	Ich koche mit Liebe für dich.
Appell	Sei offen für Neues!
Beziehung	Ich verstehe, dass du fragst.

Die Kommunikation auf der Inhaltsebene und der Beziehungsebene der Gesprächspartner widerspiegelt sich auf der Wirklichkeitsebene.

Der Sender übermittelt eine Botschaft, die mit einer Erwartung/einem Wunsch an den Empfänger gekoppelt ist. Über die Beziehungsebene zeigt er seine Einstellung zum Empfänger, aber auch seine Einstellung zu sich selbst (Selbstwertgefühl).

«Ein jeder gibt den Wert sich selbst.»
(Friedrich Schiller)

Eine positive Einstellung zu sich selbst beeinflusst die Gestaltung der Beziehungsebene und die Übertragung des Inhaltes erfolgreich. Diese positive Einstellung zu sich selbst kann mit einer positiven Kommunikation mit sich selbst entwickelt werden. Ich gehe darauf später noch näher ein.

Wo entstehen in uns die Gefühle?

... im limbischen System
Sie konnten in vorangegangenen Abschnitten erfahren, dass in jeder Kommunikation die Beziehungsgestaltung, die Gefühle dominieren. Weiterhin ist uns bekannt, dass wir die Beziehungen im Gespräch positiv gestalten müssen, um den Erfolg zu haben. Gefühle sind also wichtig, doch:

Was sind überhaupt Gefühle?
Gefühle sind unsere Empfindungen. Gefühle bestimmen unsere positive oder negative Einstellung. Die Stärke der Gefühlswerte bestimmt die

Stärke der Anteilnahme und der Äußerung von Gefühlen. Sie ist bei jedem Menschen unterschiedlich entwickelt.

Unsere Lebensqualität ist geprägt von unseren Gefühlen, sowohl im Positiven als auch im Negativen.

Gefühle und Bilder sind verknüpft

Gefühle sind immer mit Bildern verknüpft. Fragen Sie Ihren SEPP doch einmal Folgendes: Wer war meine erste große Liebe?

Vielleicht haben Sie nun ein Lächeln auf Ihrem Gesicht bemerkt, vielleicht kribbelte es in Ihrem Bauch, vielleicht kommen jetzt Situationen in Ihren Kopf, der Geschmack des ersten Kusses, der Duft der Haare des- oder derjenigen.

Gefühle beeinflussen nachhaltig unser Leben. Wenn sie aber nun so entscheidend im Leben sind ...?

Wo kommen die Gefühle her?

Die Gefühle werden im limbischen System erzeugt.

Das limbische System befindet sich im Mittelhirn, ungefähr in Höhe der Ohren. Die Bilder, die unser SEPP aufnimmt, schleust er durch das limbische System. Dort werden die Bilder mit Energie geladen und damit abgespeichert. Holt unser SEPP die abgelegten Bilder aus den Regalen hervor, setzten diese die gespeicherte Energie im limbischen System wieder frei.

Denken Sie zurück an einen schönen Urlaub, so ist es positive Energie, die Sie als angenehme Gefühle spüren. Denken Sie an einen Verlust, dann wird bei diesem Bild negative Energie frei, und das Gefühl, welches Sie spüren, ist Trauer.

Denken Sie an unser Beispiel von der ersten Liebe. Hat die Erinnerung daran vielleicht die «Schmetterlinge im Bauch» lebendig werden lassen?

Je stärker die mit dem Bild verbundene Energie, desto stärker sind die Gefühlsempfindungen.

Wie sah die Dame, die sich in der Autobahnraststätte (siehe vorigen Abschnitt) an Ihren Tisch setzte, denn aus? Sah sie jemandem ähnlich? Jemandem, den Sie mochten? Dann war dieses Bild mit solcher Energie geladen, die positive, angenehme Gefühle in Ihnen hervorrief.

Ihr gesamtes Erleben, Ihre Wahrnehmungen über die Sinnesorgane, alles wird gefühlsmäßig im limbischen System eingefärbt. Gefühle bestimmen Ihr Handeln. Sie geben Ihnen die Antriebe für Ihr Handeln.

Gefühle setzen Energie frei
Was sind also Gefühle? Gefühle sind Energie, Schwingungen, die unser Empfinden beeinflussen. Diese Energie wird über das vegetative Nervensystem in den Körper weitergeleitet.

Wie viele Worte kennen Sie für positive Gefühle? Sie fühlen sich beschwingt, fröhlich, ausgelassen, verliebt, glücklich, erwartungsvoll, hoffnungsfroh. Sie sind voller Energie – voll positiver Energie, die Sie in Ihrem Körper spüren. Was hat diese Gefühle ausgelöst? Bilder aus der Erinnerung an eine Situation, in der Sie sich genauso gefühlt haben: Bilder, die aus Ihrer gegenwärtigen Lebenssituation entstanden sind. Bilder, die an eine positive Erwartungshaltung gekoppelt sind.

Alle Bilder, die Sie aufnehmen, lösen im limbischen System Gefühle aus. Mit der Energie dieser Gefühle werden die Bilder von unserem SEPP in den Fotoalben abgelegt und gespeichert. Sie haftet an den Bildern. Fordern Sie diese Bilder ab, so geben sie diese Energie im limbischen System wieder frei.

Steigen Sie mit mir wieder auf den hohen Berg mit der wunderschönen Aussicht. Hatten Sie auch das Gefühl, für einen Augenblick die Zeit anzuhalten, um dieses wunderschöne Bild in sich aufzunehmen? Dieses Bild, damit meine ich nicht nur den Rundblick, der sich Ihnen bot, nein, das Bild mit dem Gefühl des Stolzes auf Ihre Leistung ist inbegriffen. Holt Ihr SEPP das Bild hervor, spüren Sie den erhebenden Moment wieder. Fühlen Sie es?

Die Bandbreite der Gefühlsintensität und -richtung, die im limbischen System ausgelöst wird, ist vielfältig. Sie geht, sprichwörtlich gesagt, von «himmelhoch jauchzend bis zu Tode betrübt». Auch individuelle Unterschiede spielen eine Rolle. Sie werden nach außen ebenso unterschiedlich gezeigt.

Vergleichen Sie dazu einmal die unterschiedlichen Reaktionen, die eine Familie vor dem Fernsehapparat bei einem ergreifenden Film zeigt:

Mutter ist in sich gekehrt und nachdenklich. Die Tochter zerfließt in Tränen. Oma schüttelt den Kopf. Der Sohn kichert in sich hinein. Den Vater stören eher die Gefühlsausbrüche seiner Lieben. Anteil am Film nimmt er keinen. Sie haben alle eine unterschiedliche Gefühlswelt. Und keiner kann die Gefühle des anderen wirklich fühlen.

Verschiedene Worte – verschiedene Gefühle
Worte und Begriffe, die der SEPP hört, veranlassen ihn, die Bilder hervorzuholen. Es gibt häufig für eine Sache verschiedene Worte. Das jeweilig benutzte Wort entscheidet darüber, welche Gefühle im limbischen System freigesetzt werden.

Hier haben Sie einige Begriffe mit gleichem Inhalt und verschiedener Wortwahl. Sie lösen unterschiedliche Bilder aus. Lesen Sie sie laut und lassen Sie sie wirken! Schreiben Sie auf, was Sie dabei denken!

laufen ______________________________

gehen ______________________________

spazieren ______________________________

rennen ______________________________

marschieren ______________________________

schreiten ______________________________

stolzieren ______________________________

sehen ______________________________

erblicken ______________________________

schauen ______________________________

gucken ______________________________

entdecken ______________________________

betrachten ______________________________

beobachten ______________________________

schön

hübsch
attraktiv
auffallend
blendend
ästhetisch
formvollendet
idyllisch
malerisch
angenehm
wohlgefällig
herrlich
erfreulich

nützlich

förderlich
von Nutzen
Gewinn bringend
ertragreich
lohnend
fruchtbar
nutzbringend
anwendbar
praktisch
verwendbar
sinnvoll

Ware

Handelsgut
Artikel
Produkt
Konsumgut
Gebrauchsgut
Fabrikat
Erzeugnis

Haus

Bau
Bauwerk
Gebäude
Domizil
Heim

Auto

Kraftfahrzeug
Automobil
Wagen

Urlaub

Freizeit
Urlaubszeit
Ferienzeit
Erholung

Erwerb
Kauf
Einkauf
Anschaffung
Ankauf

Geburtsland
Geburtsort
Heimat
Vaterland
Ursprungsland

Gegend
Region
Umgebung
Landschaft
Stadtteil
Landstrich

Gespräch
Unterhaltung
Plauderei
Beratschlagung
Diskussion
Unterredung

Leben
Dasein
Existenz
Sein

Ihr SEPP bringt Ihnen unterschiedliche Bilder. Auch wenn der Inhalt der Worte gleich oder ähnlich ist. Wo zeigt sich nun die Bedeutung für uns? Ich wähle bewusst das Wort «uns», weil wir nicht nur Bilder in anderen Menschen erzeugen. Unsere eigenen Bilder wirken in uns genauso stark oder schwach, motivierend oder demotivierend, uns erfreuend oder traurig stimmend.

Die Stärke der Energie der Bilder erzeugt in uns Motivation, sprich den Antrieb, etwas zu TUN®. Wir sind gewillt, diese Bilder (entsprechend ihrer Stärke) jetzt umzusetzen. Das gilt wiederum für positive als auch für negative Bilder.

Erzeugen Sie also in Ihrem Gegenüber hochmotivierende Bilder, und Sie verkaufen erfolgreich Ihre Idee, Ihr Vorhaben oder Ihr Argument.

Beachten Sie aber bitte: Das Gleiche gilt auch für uns selbst.

Wie haben Sie Ihren SEPP programmiert? Holt er Ihnen mehr motivierende Bilder oder nicht?

Negative Bilder lähmen

Mit der Energie hat es aber noch eine Bewandtnis: Auf die Art und Weise, wie uns positive Bilder erfreuen, lähmen uns negative Bilder.

Wir haben nun drei Möglichkeiten, negativen Bildern zu begegnen:

Negative Energie in TUN® auflösen

1. Wir bearbeiten diese Bilder und sind aktiv. (Beispiel: Sie räumen den schon lange unordentlichen Schreibtisch auf.) Die negative Energie wird im TUN® erlöst (aufgelöst). Wir fühlen uns gut.

Auch Schmerz kann motivieren

2. Wir leiden an «**Aufschieberitis**». Unser SEPP wird in diesem Fall immer mehr negative Bilder anbieten, so dass unsere Stimmung immer mehr auf den Nullpunkt sinkt. Entweder ist die Energie (Schmerz) jetzt so groß, dass wir die unliebsame Angelegenheit bearbeiten, oder das Programm «Aufschieben» ist so stark, dass wir nichts TUN®.

Negative Energie gar nicht erst zulassen

3. Wir **lassen diese negativen Energien gar nicht erst zu**, sondern suchen positive Lösungsansätze und ... setzen sie um. Wir TUN® etwas!

Ein Problem tut sich allerdings auf: Sie können niemals fühlen, was ein anderer Mensch fühlt. Mit diesem Problem sind Sie aber nicht allein. Niemand kann das. Sie können nur von Ihren eigenen Gefühlen ausgehen und Vergleiche anstellen. Ähnlichkeiten wird es sicherlich geben.

Achten Sie darauf, wenn Sie das nächste Mal Ihren Partner streicheln. Spüren Sie, was Sie fühlen? Was Ihr Partner fühlt, spüren Sie nicht. Reden Sie mit Ihrem Partner darüber, um es zu erfahren.

Mit Fragen erzeugen Sie Bilder bei Ihren Mitmenschen. Deren Bilder sind genauso wie die Ihrigen mit Energie gekoppelt, die Gefühle erzeugen. Durch gezieltes Fragen bewirken Sie, dass Ihre Gesprächspartner ihre eigenen Bilder genauer überprüfen. Um Ihren Standpunkt zu verdeutlichen, sollten Sie Ihren Gesprächspartnern die Möglichkeit einräumen, ihn im Vergleich mit ihren eigenen Bildern zu begreifen, zu erkennen.

Gekonnt und gezielt Fragen stellen

Eine wichtige Voraussetzung, um gekonnt kommunizieren zu können, ist eine positive Beziehungsebene. Sie können diese auch dadurch ausbauen, dass sie mehr über Ihren Mitmenschen erfahren, an ihm Interesse zeigen. Seien Sie ein guter Zuhörer, eine gute Zuhörerin. Geben Sie Impulse für ein tiefgründiges Gespräch. Stellen Sie gezielt Fragen! Lassen Sie Ihre Gesprächspartner ausreden.

Ist es Ihnen auch schon einmal passiert? Sie reisen mit dem Zug. Es steigt jemand zu und bemüht sich, mit mehreren großen Gepäckstücken einen Platz zu finden. Ein kurzer Blickkontakt, die Person ist Ihnen sympathisch. Sie helfen ihr beim Verstauen des Gepäcks. Als Sie sich endlich gegenübersitzen – ein Dankeschön. In den meisten Fällen hat sich die verbale Kommunikation dann erledigt, doch diesmal ist es anders: Innerhalb kurzer Zeit erfahren Sie, was dieser Person wichtig ist, was sie bewegt. Mit nur wenigen Fragen wird Ihnen die Kenntnis einer interessanten Biographie zuteil. Die Reise erscheint Ihnen auf einmal gar nicht mehr so lang und anstrengend. An ihrem Ende haben Sie ein gutes Gefühl. Es war eine menschliche Begegnung, die noch lange nachwirkt. Sie haben dabei auch neue Erkenntnisse über sich gewonnen.

Mit den Themen, die Sie anschnitten, haben Sie den Nerv Ihres Gegenübers getroffen. Der Gesprächsstoff ging Ihnen sicherlich nicht eine Sekunde aus.

Dazu gibt es zwei Fragetechniken

Geschlossene Fragen können nur mit «Ja» oder «Nein» oder nur einem Wort beantwortet werden. Durch diese Fragen erhalten Sie wenig Information. Der SEPP Ihres Gesprächspartners holt nur ein Bild hervor. Mit dieser Art von Fragen sprechen Sie selbst mehr als Ihr Gegenüber. Sie geben damit mehr Information, als Sie erhalten. Deshalb sind manche Gesprächspartner reine Selbstdarsteller. Es entsteht nach einem Monolog kaum ein Gespräch, das Interesse lässt nach, weil kaum eigene Bilder abgerufen werden.

Eine geschlossene Frage wäre: «Reisen Sie auch nach M.?»

Werden Sie dagegen fragen: «Was ist das Ziel Ihrer Reise?», dann muss der SEPP Ihres oder Ihrer Mitreisenden mehrere Bilder hervorholen, ganz eigene Bilder. Wenn sie diese aussprechen, dann brauchen sie dazu mehrere Worte und machen Aussagen über sich selbst. Um es jemandem zu verdeutlichen, der wenig über sie weiß, sprechen sie gewiss auch über Hintergründe ihrer Reise. Sie erklären, wohin sie wollen und wahrscheinlich auch, weshalb sie reisen. Machen sie eine Dienstreise, so erfahren Sie vielleicht, welche Tätigkeit sie ausüben und vielleicht auch, worauf es bei dieser Tätigkeit besonders ankommt.

W-Fragen sind offene Fragen
Die so genannten W-Fragen sind offene Fragen: Was? Warum? Wofür? Weshalb? Wo? Wer? Wieso?

Diese Art Fragen zu stellen ist für die Beziehungsgestaltung im Gespräch besser geeignet. Ihr Gesprächspartner kann so viel mehr sprechen. Und Sie erhalten mehr Informationen und können besser auf diesen Menschen eingehen. Sie geben sich mit Ihren Fragen ebenso zu erkennen wie mit Ihren Antworten. Dennoch, beachten Sie:

Wer fragt, führt!
«Reden ist Silber, Schweigen ist Gold.»

Dieser Spruch steht in fast jedem Poesiealbum. Beherzigen Sie ihn!

Stellen Sie sich sich selbst in einer Diskussionsrunde vor, in der es wichtige Entscheidungen zu fällen gilt. Sie haben sich darüber im Vorfeld Gedanken gemacht und es fällt Ihnen auf, dass die

Mehrheitsmeinung einige wichtige Gesichtspunkte völlig außer Acht lässt. Glauben Sie, dass Sie die Entscheidung mit der Darstellung Ihres Standpunktes noch beeinflussen können? Wohl kaum. Ihre Diskussionspartner haben bereits ihre eigenen Bilder abgespeichert und ihr SEPP ist keineswegs gewillt, daran noch etwas zu ändern. Er ist ja bekanntlich nur fleißig, wenn es sein muss.

Hinterfragen Sie den Standpunkt der anderen. Lassen Sie sie ausreden, dann muss ihr SEPP die Bilder wieder hervorholen und ihre Gesprächspartner müssen sich wohl oder übel damit auseinander setzen. Wenn Sie offene Fragen stellen, besteht die Möglichkeit, dass Ihre Partner selbst neue Einblicke gewinnen und die vorgefasste Entscheidung noch einmal überprüfen und korrigieren. Nichts ist so überzeugend wie die eigene Erkenntnis.

Reden Sie selbst hingegen mehr als Ihre Diskussionspartner, dominieren Ihre eigenen Bilder. Sie verlieren die Bilder der anderen aus dem Blickfeld und können so kaum gezielt Fragen stellen. Sie riskieren, nicht verstanden zu werden, und verpassen die Chance zur Einflussnahme.

Stellen Sie überwiegend offenen Fragen! Lassen Sie Ihren Gesprächspartner zu Wort kommen!

SEPP soll schweigen ...
Sprechen Sie selbst weniger als er! Weisen Sie Ihren SEPP an, er soll endlich Ruhe geben!

Das Reptiliengehirn

Tief in unserem Gehirn befindet sich das Stammhirn. Wir nennen es das Reptiliengehirn. Im Laufe unserer Entwicklungsgeschichte hat sich unser Hirn immer weiter ausgebildet. Das Reptiliengehirn stammt aus einer Zeit, da das Überleben bei Gefahr zwei Alternativen kannte: Kampf oder Flucht.

Bei beiden Varianten musste die Muskulatur mit viel Energie versorgt werden, damit der Körper den erhöhten Anforderungen gerecht wurde. Alle Reserven mussten mobilisiert werden, damit das Lebewesen kämpfen oder flüchten konnte.

Handeln ohne Denken
In bestimmten Situationen hilft uns dieser Mechanismus auch heute, schnell und ohne zu überlegen zu reagieren.

Versetzen Sie sich gedanklich wieder auf den hohen Berg! Beim Abstieg vom Berg gleiten Sie aus. Sie verlieren den Halt und rutschen den Abhang hinunter.

Ihr SEPP schickt einen Postboten mit einem Telegramm an die Schilddrüse. Von dort aus wird in den Nebennieren Alarm geschlagen. Diese pumpen die Tanklastzüge mit Adrenalin voll und schicken diese mit Höchstgeschwindigkeit durch unseren Körper. Zum Denken bleibt keine Zeit. Das Adrenalin setzt die Energie frei, die Ihre Muskulatur jetzt braucht, damit Sie sich festhalten und Ihr Leben retten können.

Der Mechanismus hat aber auch Nebenwirkungen. So signalisiert unser Gehirn auch in unbekannten Situationen Gefahr. Wir bekommen Angst, und Angst verursacht Stress. Stresssituationen führen zu Handlungseinschränkungen, weil unser SEPP nicht weiß, was er machen soll.

Bringt Ihnen Ihr SEPP vor einer neuen Herausforderung nur Angstbilder, so stehen Sie unter Stress. Sie haben dann das Gefühl, nicht mehr Herr Ihres SEPP zu sein. Es entsteht so etwas wie ein «psychologischer Nebel».

Das Gehirn schickt die Alarmsignale an die Schilddrüse, und diese schickt sie weiter an die Nebennieren. Diese geben dann das Adrenalin in die Blutbahn. Die Synapsen (Verbindungsstellen, die der Reizübertragung im Nervensystem dienen) werden blockiert. Die Umschaltung auf das Reptiliengehirn erfolgt.

Körperlich spüren Sie dies deutlich. Je nach Veranlagung bekommt der eine schweißnasse Hände und beginnt zu zittern (Flucht). Der andere bekommt eine roten Kopf und lässt seinen Aggressionen freien Lauf (Kampf).

Das musste ja so kommen ...
Eine solche Reaktionsweise zeigt das folgende Beispiel: SEPPs Mensch hat gerade seinen Führerschein gemacht. Zum ersten Mal sitzt sein Fahrlehrer nicht als möglicher rettender Engel neben ihm. SEPP signalisiert Unsicherheit. Er flüstert seinem Menschen zu: «Was ist, wenn an der Kreuzung eine Baustelle ist, viele Autos unterwegs sind und vor dir ein dicker LKW steht, so dass du die Straße nicht einsehen kannst? Und du musst links abbiegen?» Tatsächlich, es trifft alles ein. Dem Fahrneuling bricht kalter Schweiß aus. Prompt geht der Motor beim Anfahren aus. «Du musst hier weg, und zwar schnell!», schreit SEPP. Das Getriebe ratscht. Der Motor ist wieder aus. Die Autos in der Spur dahinter hupen. SEPP fordert noch mehr Stresshormone an. Ruckend fährt das Auto an. Da kracht es auch schon. Inzwischen hatte die Ampel auf Rot gewechselt.

Der SEPP des Autofahrers hatte alle negativen Bilder hervorgebracht, die er fand. Er signalisierte der Schilddrüse: «Gefahr!» Die Umschaltung auf das Reptiliengehirn setzte ein. Fingerspitzengefühl fehlte. Die bewusste Steuerung des eigenen Handelns setzte aus. Stress entstand. Der SEPP des Anfängers hat es mit seinen Angstbildern geschafft, das sich die Prophezeiung selbst erfüllte.

Eine Abweichung von gewohnten Programmen kann ebenfalls diesen Stress hervorrufen. Schauen wir doch mal wieder bei Familie Möller vorbei, die Sie bereits kennen gelernt haben.

Was ist heute Morgen passiert? Es ist alles ganz anders. Frau Möller hat verschlafen. Kinder, schnell! Zahnputzbecher in die Hand, los, ab ins Bad. Beeilt euch! Dann in die Küche. Frühstück im Stehen und dann ab. Nicht wie sonst weckt der Sohn seinen Papi. Das Gehirn ist schon beim Aufwachen völlig von der Rolle, denn die Mutter kommt wieder ins Schlafzimmer. Mach schnell, wir haben verschlafen!

Das ist für das Gehirn nicht normal. Alles gerät durcheinander. Das Reptiliengehirn gewinnt die Oberhand. Die Energie verlagert sich in die Muskulatur, weil es aus der Vergangenheit kennt: Es gibt etwas zu kämpfen.

Programm gestört = Chaos

Vater geht jetzt ins Bad. Er rasiert sich nass. Was passiert? Natürlich schneidet er sich. Er ist so konfus, dass sein Fingerspitzengefühl ausgeschaltet ist. Die Energie steckt ja in der Muskulatur. Dann rennt er in die Küche. Der Kaffee ist ihm zu heiß. Vater verbrennt sich im wahrsten Sinne des Wortes die Zunge. Nicht nur mit Kaffee. Die «liebe Mutti» wird zur «blöden Ziege». Das alles steuert das Reptiliengehirn, unser tierisches Mitbringsel aus der Evolution.

Jetzt fährt Herr Möller zur Arbeit. Genau vor ihm schaltet die Ampel auf Rot. Heute scheint alles schief zu gehen. Hektisch sucht Herr Möller nach einem Parkplatz. «Fischer, der Idiot, steht auf meinem Stammplatz!», flucht er vor sich her. Sein Büro liegt im 19. Stock des Hochhauses. Er betritt den Fahrstuhl eine Minute vor acht. Stopp im 18. Stock. Bis die Tür aufgeht, dauert es eine Ewigkeit. Keiner draußen. Die Tür scheint lange überlegen zu müssen, bevor sie wieder zugeht und der Fahrstuhl sich in Bewegung setzt. Alle Wahrnehmungen verzerren sich unter dem Einfluss der Stresshormone. Wäre es zehn Minuten vor acht gewesen, wäre ihm alles normal erschienen. Wie mag der Arbeitstag von Herrn Möller wohl weitergehen?

Haben Sie schon Ähnliches erlebt?

Auch im Stress soll SEPP die Ruhe bewahren
Hat Ihnen Ihr SEPP mit solchen Bildern Aufregung verschafft, die Sie sehr erschöpft hat? Beeinflussen Sie Ihren SEPP so, dass Sie immer Herr der Lage bleiben! Im Stress sich selbst die notwendige Ruhe zu verschaffen, um den Überblick zu behalten, ist die beste Lösung. Sie entscheiden wieder mittels Denken.

So hätte die erste selbständige Autofahrt unseres Anfängers aber auch aussehen können:

Wenn der SEPP beginnt, die Panik auslösenden Bilder hervorzuholen, dann geben Sie ihm den Befehl: «Wegräumen! Ich lasse es an mich herankommen und entscheide dann. Ich brauche Bilder, die mich stark und gelassen machen. Mein Fahrzeug und die Regeln beherrsche ich. Wenn tatsächlich mal etwas länger dauert, wird es jeder verstehen, denn ich bin als Anfänger erkennbar.» Ohne Stress meistert der Fahrer dann auch die schwierige Kreuzung.

Auch Herr Möller hätte sich sagen können. «Macht nichts, Ruhe bewahren, wir schaffen es!» Dann wäre der Familienfrieden erhalten geblieben, und der Tag hätte besser begonnen.

Bombardiert Ihr SEPP Sie vor neuen Herausforderungen mit Angst- und Stressbildern, so lassen Sie ihn diese Bilder auf der Stelle wegräumen: «Mein lieber SEPP, ich brauche Bilder, die meine Energien in die richtigen Bahnen lenken.»

Tief durchatmen

Weisen Sie Stressbilder zurück. Atmen Sie tief durch! Und lassen Sie Ihren SEPP die Bilder bringen, die Ihre Energien positiv fließen lassen.

Erziehen Sie ihn dazu, solche Bilder zu bringen, die Sie stark machen. Immer wieder! Lassen Sie das Reptiliengehirn seine ureigene Aufgabe vollbringen. Setzen Sie sich keinen Ängsten aus. Denken Sie daran, dass ich SEPPs Namen von «selbst erfüllender Prophezeiung» abgeleitet habe. Nutzen Sie diese für Ihren Erfolg!

Das Polaritätsgesetz

Oder: Jede Medaille hat zwei Seiten
Polarität – im Wortstamm steckt das Wort «Pol». Das bezeichnet zwei gegensätzliche Dinge, die weitestmöglich voneinander entfernt sind und einander bedingen. Ohne den Nordpol gäbe es keinen Südpol und umgekehrt. Unsere Erde existiert in Polarität. Alles in unserem Leben existiert in Polarität.

Machen Sie mit mir einen kleinen philosophischen Ausflug. Er soll helfen, Ihnen ein verständlicheres Bild zu geben.

Der französische Philosoph und Mathematiker René Descartes (1596–1650) ging an die Wahrheitsfindung so heran:

> *«Die Wahrheit ist ebenso leicht in einem schwierigen Gegenstand zu erkennen wie in einem leichten. Denn in jedem Fall findet man die Wahrheit mit einem ähnlichen Akt heraus. ... Einzige Vorbedingung ist, dass man vom Leichten zum Schwierigen voranschreitet.»*

Mehr als 300 Jahre später findet der österreichische Philosoph Ludwig Wittgenstein (1889–1951) für sich diese Erklärung heraus:

«Ich weiß, dass diese Welt ist. Dass ich in ihr stehe, wie mein Auge in seinem Gesichtsfeld. Dass etwas an ihr problematisch ist, was wir ihren Sinn nennen. Dass dieser Sinn nicht in ihr liegt, sondern außer ihr. Dass das Leben die Welt ist. Dass mein Wille die Welt durchdringt. Dass mein Wille gut oder böse ist. Dass alles Gut und Böse mit dem Sinn der Welt irgendwie zusammenhängt.»

Im Gespräch mit seinem Biographen Johann Peter Eckermann am 11. April 1827 äußerte sich Geheimrat Goethe:

«Es gibt in der Natur ein Zugängliches und ein Unzugängliches. Dieses unterscheide und bedenke man wohl und habe Respekt.»

Außerhalb der Polarität ist auch außerhalb unseres Vorstellungsvermögens. In der Zeitlosigkeit, der Ewigkeit, da ist die Polarität aufgehoben. Alles, was wir uns vorstellen können, existiert im Spannungsfeld zweier Pole.

Das Bild kippt

Schauen Sie auf dieses Bild! Was sehen Sie? Einen Kelch? Zwei Gesichter, die einander zugewandt sind? Sie können nur das eine oder das andere wahrnehmen. Beides gleichzeitig zu sehen funktioniert nicht. Das Bild kippt um, sobald Sie es versuchen.

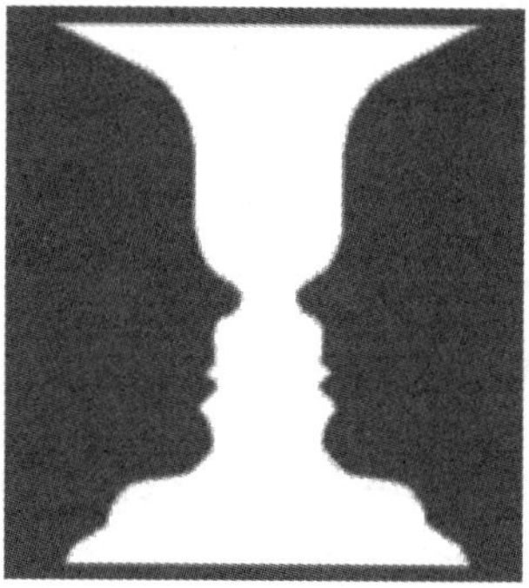

Beispiel Atem

Betrachten Sie unseren Atem: Mit ihm beginnt und endet unser Leben. Ein- und Ausatmen wechseln sich ständig ab. Sie können es niemals gleichzeitig TUN®. Ohne auszuatmen können wir auch nicht einatmen. Dazwischen ist der stille Punkt. Schützen nutzen ihn, um treffsicherer zu sein.

Versuchen Sie es ruhig einmal. Atmen Sie ein, ohne auszuatmen! Es geht nicht, jedenfalls nur einmal, dann müssen Sie ausatmen, bevor Sie wieder einatmen können.

Unser ganzes Leben läuft innerhalb der Polarität ab. Unsere Begriffe sind polar:

gut	böse
heiß	kalt
rechts	links
alt	neu
lieb	böse
hoch	tief
Krieg	Frieden
Druck	Gegendruck
reich	arm
Mann	Frau

Betrachten Sie Mann und Frau. Zwei Pole, die einander bedingen. Verschwindet der eine Pol, so kann auch der andere nicht mehr existieren. Die Menschheit würde nach einer gewissen Zeit aussterben. Eine Ausnahme gibt es, in der sie die Polarität verlassen. Das ist bei der Vereinigung beider im Orgasmus. Sie befinden sich in Einheit. Dort kann neues Leben entstehen.

Vorsicht vor der «Superlativitis»

Benutzen Sie im Gespräch überwiegend Superlative wie das Beste, das Gigantische, absolute Spitze?

Streichen Sie die Superlative aus Ihrem Wortschatz! Es sind Extreme. Die Erwartungshaltung, die der SEPP Ihres Gesprächspartners einnimmt, wird nur beim ersten Hören groß sein. Superlative haben die Eigenschaft, den SEPP in die entgegengesetzte Richtung laufen zu lassen. Wenn jemand zu Ihnen sagt: «Sie fahren das tollste Auto auf der ganzen Welt», was tut dann Ihr SEPP? Er meldet Zweifel an: «So toll ist es nun auch wieder nicht!» Behauptet er aber: «Sie fahren die miserabelste Kiste, die es überhaupt gibt», dann empört sich der SEPP ebenso und sucht die Behauptung zu widerlegen: «So schlecht ist es auch wieder nicht, es hat mich überall hingebracht, wo ich hinwollte!»

Vergleichen Sie es mit dem Ausschlag eines Pendels. Befindet sich das Pendel an dem einen Ausschlagpunkt, so schlägt es beim Loslassen auf den entgegengesetzten größten Ausschlag um.

Schüren Sie kein Misstrauen

Angenommen, Sie betreten das Heim eines neuen Bekannten mit der Bemerkung: «Sie sind ja traumhaft eingerichtet.» Dann würde ihm sein SEPP Bilder hervorschleudern, die in ihm Misstrauen wecken. «Vorsicht! Da will mir wohl einer Honig ums Maul schmieren. Meine Einrichtung ist doch ganz normal», würde er denken. Diese Situation könnte verfahren sein. Dieser Mensch wäre nun womöglich gegen Sie voreingenommen. Dies könnte die Beziehungsebene belasten. Ihren Wunsch, eine tiefere Beziehung anzubahnen, könnten Sie in solch einer Situation wohl nicht mehr aussprechen, ohne eine Abfuhr zu erhalten.

Nehmen wir an, Sie wollen Ihren Chef für eine neue Idee begeistern. Ihr Chef ist Neuem gegenüber nur dann aufgeschlossen, wenn die Idee von ihm stammt. Nun könnte er sich über Ihren Vorschlag misstrauisch äußern und eine Behauptung aufstellen, die Ihres Wissens vollkommen falsch ist. Begeben Sie sich nun nicht auf den entgegengesetzten Pol und weisen die Behauptung zurück. Suchen Sie nach wertneutralen Räumen dazwischen. Lassen Sie die Aussage Ihres Chefs im Raum stehen. Werten Sie seine Aussagen nicht. Sein SEPP würde bei einer Gegenrede von Ihnen nur nach weiteren Bildern suchen, die seine Behauptung stützen. Genau so, wie das Pendel zum entgegengesetzten Pol ausschlägt.

Bewegen Sie sich in wertfreien Räumen! Unser SEPP unterliegt wie wir dem Gesetz der Polarität. Bringen Sie ihn dazu, Ihnen Bilder zu bringen, die sich zwischen den Polen befinden. Vermeiden Sie, sich auf den Gegenpol der Aussage Ihres Chefs zu begeben. Die Aussagen Ihres Vorgesetzten behandeln Sie ebenfalls wertungsfrei.

Bringt Ihnen Ihr Chef das Bild einer Rose, so ist das in Ordnung. Bringt er Ihnen das Bild eines Totenschädels, so ist das ebenfalls in Ordnung. Es sind die Bilder Ihres Vorgesetzten.

Sagen Sie «ja», wenn Ihr Chef «ja» sagt.

Sagen Sie: «Ja, ich verstehe Sie», wenn der Chef erst einmal «nein» sagt.

Wertfreie Räume

Stellen Sie Ihrem Kommunikationspartner wertfreie Räume zur Verfügung! Das ermöglicht Ihnen eine Erfolg versprechende Argumentation.

Stellen Sie sich vor, Sie möchten Ihr Badezimmer neu gestalten. Ihre Frau (Ihr Mann) wünscht sich schwarze Fliesen. Das sähe besonders edel aus. Sie selbst finden den Raum dafür zu klein und halten weiße Fliesen für die beste Variante. Es ist für Sie eine schreckliche Vorstellung, in so ein schwarzes Loch zu gehen, um zu baden. Jeder Wasserspritzer wird seine weißen Kalkränder deutlich sichtbar abzeichnen. Genau solche Bilder bringt Ihnen Ihr SEPP. Das kann doch wohl nicht wahr sein. «Hat sie (oder er) denn den Verstand verloren?», denken Sie. «Das kommt überhaupt ...» **Halt!** Atmen Sie erst einmal wieder aus. Sie müssen sich einigen. Wer wird aus diesem Konflikt als Gewinner hervorgehen? Oder sind Sie beide die Verlierer?

Lassen Sie sich zunächst auf die Bilder Ihres Partners ein. Hören Sie zu, wie er/sie sich das Ganze vorstellt. Vielleicht schauen Sie sich das Vorbild für diese Idee gemeinsam an? Es fällt in diesem Beispiel ebenfalls leichter, sich zu korrigieren und seine Meinung zu ändern, wenn das Spannungsfeld zwischen den beiden Polen nicht so arg ist. Vielleicht treffen Sie sich in der Mitte und wählen die optimale Farbe für Ihr Bad aus, an dem Sie beide lange Freude haben.

Zusammenfassung

1. Stellen Sie Ihren Gesprächspartnern offene Fragen! Lassen Sie die anderen mehr reden, als Sie es selber TUN®. Sie wollen sie besser kennen lernen.

2. Meiden Sie Angstbilder, die in Ihnen Stress verursachen. Erziehen Sie Ihren SEPP dahingehend, dass er Ihnen vor neuen Herausforderungen Bilder bringt, die Sie positiv stimulieren. SEPP, das kommt von «sich selbst erfüllende Prophezeiung». Angst behindert Sie in Ihrem Erfolgsstreben. Lassen Sie nur erfolgsorientierte Prophezeiungen zu!

3. Benutzen Sie im Gespräch keine Superlative. Bewegen Sie sich im wertfreien Raum zwischen den Polen. Antworten Sie nie mit einem Gegenargument auf eine herabwürdigende Aussage. Lassen Sie sie im Raum stehen und führen Sie das Gespräch im wertfreien Raum weiter. Wer sich rechtfertigt, setzt sich selbst ins Unrecht.

4. Verwenden Sie in einer Diskussion anstelle der Redewendung «Ja, aber...» lieber ein «Ja, und...». So fühlt der Gesprächspartner seine Aussage nicht infrage gestellt und kann Ihren Aussagen besser folgen.

Feedback

Welche Erkenntnisse haben Sie aus diesem Kapitel für sich selbst gewonnen? Wie wollen Sie diese in die Praxis umsetzen? Schreiben Sie sich die wesentlichsten Erkenntnisse und Vorhaben auf!

Kapitel 3
Ihre persönliche Ausstrahlung zieht Menschen an

Damit befassen wir uns in diesem Kapitel

- ❖ Ihre Persönlichkeit
- ❖ Das Resonanzgesetz
- ❖ Wir leben im Jetzt und Heute

Ihre Persönlichkeit

Sie haben dieses Buch zur Hand genommen, weil es Ihnen Spaß macht, mit Menschen zusammenzutreffen. Es ist ebenso Ihr Ziel, Ihre Beziehungen zu anderen Menschen zu verbessern. Dies gelingt Ihnen umso besser, wenn Sie sich selbst bedingungslos annehmen, so wie Sie sind. Sie haben Erfolg und finden in Ihrer Tätigkeit Selbstbestätigung, egal ob im Beruf, in Ihrem Einsatz für die Familie oder bei Ihrer Freizeitbeschäftigung.

- Wie stehen Sie zu sich selbst?

- Akzeptieren Sie sich so, wie Sie sind?

- Nach welchen Maßstäben beurteilen Sie sich?

Sie sind in Ordnung, so wie Sie sind. Sie können nur noch besser werden. Akzeptieren Sie auch Ihre Mitmenschen, so wie sie sind. Wir sind nicht geboren, um über andere Menschen zu urteilen oder sie zu verurteilen. Wir sind geboren, um uns zu entwickeln.

Entwicklung ergibt sich auch aus den Fehlern, die uns unterlaufen. Wir lernen am meisten aus unseren Fehlern. Sie gehören zum Leben dazu.

Führen Sie sich Ihre Stärken vor Augen und Sie werden mit Ihren Schwächen besser umgehen können. Setzen Sie sich Ihre Ziele so, dass Sie das Ergebnis überprüfen können. Setzen Sie den Zeitpunkt realistisch fest. Suchen Sie die Kriterien, anhand derer Sie Ihre Ergebnisse überprüfen wollen, so aus, dass Sie sich nicht selbst betrügen können.

Ein Schritt, wie Sie im Gleichgewicht bleiben und Ausgeglichenheit ausstrahlen, ist die positive Einstellung zu sich selbst und ein effektiver Umgang mit Ihrer Zeit:

- Beginnen Sie den Tag mit positiven Gedanken!

- Ein gelungener Start in den Tag lässt alles viel leichter werden.

- Fangen Sie morgen gleich richtig an und erledigen Sie die Aufgaben, die wichtig und dringlich sind!

- Machen Sie Unerledigtes sichtbar, aber legen Sie nur die Gegenstände bereit, an denen Sie gerade arbeiten!

- Nutzen Sie die Zeit, in der Sie am leistungsfähigsten sind!

- Lernen Sie, Arbeit abzugeben!

- Versuchen Sie nicht, alles bis ins kleinste Detail richtig zu machen! Das kostet Kraft, und Wichtiges bleibt unerledigt.

Halten Sie Ihre Ideen schriftlich fest, sobald Ihr SEPP sie Ihnen schickt. Wenn Sie im Nachhinein danach suchen, fallen sie Ihnen gewiss nicht ein. Unser SEPP will die Idee, an die Sie sich erinnern wollen, dann partout nicht finden. Eine kleine Ideenbörse nimmt erst einmal alles auf, und Sie können sie in einer ruhigen Minute sortieren.

Konzentrieren Sie sich auf das Wesentliche!

Wie komme ich bei anderen an?

Wie kommen Sie bei anderen Menschen an? Jeder Mensch muss sich selbst verkaufen können. Wer Verbündete zur Verwirklichung seiner Ideen sucht, muss die Menschen vom Nutzen seiner Idee begeistern und der/dem Auserwählten klar machen können, dass man genau der/die richtige Partner/-in ist. Der Jobsuchende muss seinen zukünftigen Arbeitgeber von seinem Nutzen überzeugen. Der Firmeninhaber muss bei der Bewerbung um einen Auftrag die Leistung seiner Firma verkaufen. Die Leistungen gleichen sich in puncto Qualität immer mehr. Den Ausschlag gibt

Ihre Persönlichkeit. Wenn eine Entscheidung zu fällen ist, dann ist das so, als ob eine Kugel auf einem spitzen Berg liegt. Was gibt den Ausschlag, dass die Kugel in die eine oder andere Richtung rollt?

Ihre persönliche Ausstrahlung! Ihr Charisma!

Das Resonanzgesetz
oder: «Wie der Ruf, so das Echo»

Das Resonanzgesetz ist ein physikalisches Gesetz. Resonanz bedeutet so viel wie Mitschwingen oder Widerhall. Ein Körper, der die gleiche Frequenz hat wie ein anderer, der sich bereits in Schwingung befindet, beginnt mitzuschwingen. Unsere Gefühle sind Energien, also Schwingungen. Diese Schwingungen strahlen wir nach außen aus. Dies ist unser Charisma.

Stärken beachten

Jeder Mensch hat auf Grund seiner Persönlichkeit eine gewisse Resonanz. Der Grad des Selbstwertgefühls macht die Persönlichkeit aus. Das Selbstwertgefühl wird davon beeinflusst, ob der Mensch das lebt, was er leben muss. Darin sind auch seine Schattenbereiche inbegriffen. Es gibt keine große oder kleine Persönlichkeit, nur die Persönlichkeit an sich – ganz ohne Wertung. Sie strahlen also Ihre Einstellung zu sich selbst aus. Die Empfänger Ihrer Schwingungen sind Ihre Mitmenschen, Ihre Familie, Freunde und Ihre Mitarbeiter. Die meisten Menschen kennen ihre Schwächen, nur ihre Stärken kennen sie nicht.

Im Lernprozess dürfen Fehler auftreten

Selbstkritik kann nur dann nützlich sein, wenn Sie einen Fehler begangen haben. Einem erkannten Fehler mit einem «Nanu?» folgt eine Erkenntnis mit einem «Aha!». Sie korrigieren nach dieser Erkenntnis Ihr Verhalten. Das ist das Leben. Akzeptieren Sie es als die normalste Sache der Welt. Einen Fehler gemacht zu haben entscheidet nicht über den Wert Ihrer Persönlichkeit. Es war eine Erfahrung, die Sie weitergebracht hat. Dann schauen Sie wieder nach vorn. Wenn Sie sich nach Ihren Misserfolgen bewerten, dann stecken Sie voller negativer Energie, die Sie ausstrahlen.

Ist Ihr SEPP manchmal widerborstig und bringt Ihnen immer wieder Bilder, die Sie an sich zweifeln lassen? Dann ist es Zeit für ein Zwiegespräch mit ihrem SEPP.

Sie bestimmen Ihren Wert

Wer entscheidet über Ihren Wert? Nur Sie selbst. TUN® Sie es! TUN® Sie es so, dass Sie dabei Ihren größtmöglichen Erfolg im Umgang mit Ihren Mitmenschen erleben. Lassen Sie positive Erfahrungen zu! Ihr gesundes Selbstwertgefühl – nicht zu verwechseln mit Arroganz (sich selbst erhöhen durch Abwertung anderer) – schafft eine wesentliche Voraussetzung für eine positive Gestaltung der Beziehungsebene zu Ihren Mitmenschen. Resonanz finden Sie bei Menschen, mit denen Sie in Kontakt kommen dürfen, die fast so sind wie Sie selbst.

In der Vergangenheit, vor etwa 100 Jahren, hat ein bedeutender Mann in England einen Selbstversuch unternommen. Es war der Mann, der auch das Muster der Linien auf den Fingerkuppen als individuelles Merkmal jedes Menschen entdeckte. Sir Francis Galton war ein Vetter Darwins und ein bedeutender Mann seiner Zeit. Was tat dieser Mann? Eines Morgens redete er sich vor seinem Spaziergang ein, dass ihn ganz England hassen müsste. Er suggerierte sich selbst, der meistgehasste Mann Englands zu sein. Dieses Bild verinnerlichte er sich in einer Art Selbsthypnose. Als er dann die Straße entlangging, fand er für dieses innere Selbstbild die Bestätigung. Seine negativen Schwingungen führten dazu, dass die Passanten vor ihm auswichen. Einige beschimpften ihn. Sogar Tiere zeigten ihm ihre Ablehnung. Er wurde von einem Pferd getreten und verletzte sich (bei diesem Vorfall verteidigten die Umstehenden das Pferd und nicht den Mann). An diesem Vormittag landete er gleich zweimal in einer Pfütze. Dieser Tag war für ihn gelaufen. Er zog sich in seine Wohnung zurück. Das Ergebnis dieses Versuchs ging als «Pygmalion-Effekt» in die psychologische Literatur ein.

Die innere Einstellung strahlt nach außen

Machen Sie selbst einen Versuch: Ich rate Ihnen, dabei ein positives Selbstbild aufzubauen. Sprechen Sie laut vor sich hin: «Ich bin die beliebteste Person weit und breit.» TUN® Sie es nicht halbherzig! Selbstzweifel untergraben Ihr Vorhaben. Entspannen Sie sich und sprechen Sie die Worte immer wieder! Stellen Sie sich dabei Situationen vor, in denen Sie erfolgreich mit anderen Menschen kommunizieren. Schaffen Sie sich Ihre positiven Selbstbilder! Ihr SEPP wird sie Ihnen dann auch in der realen Situation bringen. Wenn Sie das nächste Mal einen Spaziergang machen, beobachten Sie die Menschen, die Ihnen entgegenkommen. Die Menschen, die Blickkontakt mit Ihnen aufnehmen und Sie vielleicht sogar anlächeln, sind die Ihnen sympathisch? Ganz sicher.

Haben Sie schon einmal erlebt, dass Sie mit einem Ihnen bis dahin vollkommen fremden Menschen sofort ein Gespräch führen, das Sie in dieser Tiefgründigkeit nicht einmal mit Ihren besten Freunden führen konnten? Wie waren Sie an diesem Tag drauf? Achten Sie einmal bewusst darauf!

Ihr positives Selbstbild wird von anderen Menschen angenommen, ohne dass Sie es ihnen erläutern. Sie erhalten nach und nach die Resonanz Ihres Selbstbildes von Ihren Mitmenschen. Erwarten Sie, dass Ihnen aufgeschlossene Menschen begegnen, so werden Sie sie treffen. Sie werden immer das bekommen, was Sie erwarten. Dafür sorgt Ihr SEPP mit seinen Bildern und Programmen. Er erfüllt Ihre eigene Prophezeiung durch Sie selbst.

Gedanken schaffen Resonanz

Resonanz erhalten Sie durch die Schwingungen, die von Ihnen ausgehen. Ihre gedanklichen Bilder setzen Gefühle als Energie frei, die als Schwingungen von anderen Menschen empfangen werden. Der Ursprung für Resonanz ist in Ihren Gedanken zu finden. Ihre Gedanken können Sie bewusst beeinflussen. Ihre Gedanken steuern Ihr TUN®.

Resonanz zum Gesprächspartner herzustellen schafft eine positive Beziehungsebene, die das ganze Gespräch über tragfähig bleiben kann. Wie kann es Ihnen gelingen, Resonanz zu schaffen?

1. Verinnerlichen Sie ein positives Bild von sich selbst!

2. Sie akzeptieren Ihre Mitmenschen so, wie sie sind!

3. Sie beginnen Gespräche mit einem allgemeinen Thema (Smalltalk)! Lassen Sie die Schwingungsfrequenz Ihres jeweiligen Gegenübers auf sich wirken!

4. Nachdem Sie auf Ihre Vorzüge hingewiesen haben, würdigen Sie auch die Ihres Gesprächspartners in angemessener Weise!

5. Stellen Sie Ihre Atemfrequenz auf die Ihres Gesprächspartners ein! Ein abgehetzter und keuchender Mensch bringt Unruhe mit sich.

6. Wählen Sie eine ähnliche Körperhaltung wie Ihr Gesprächspartner! Achten Sie darauf, dass Ihre Körpersprache Sympathie kundtut!

7. Knüpfen Sie an die Themen Ihres Gesprächspartners an, bevor Sie Ihre Fragen stellen!

8. Einen angebotenen Kaffee nehmen Sie an, um die Gastfreundschaft nicht zu verletzen!

9. Lassen Sie erkennen, dass Sie Wert auf ein partnerschaftliches Verhältnis legen!

10. Verbannen Sie die Redewendung «Ja, aber ...» aus Ihren Gesprächen! Damit unterstellen Sie anderen, dass sie im Unrecht sind.

11. Halten Sie Blickkontakt während eines Gesprächs!

Bei Menschen, zu denen Sie Resonanz besitzen, TUN® Sie all dies ohnehin.

Eine vollkommene Übereinstimmung finden Sie ohne Ihr Zutun, wenn Sie auf Menschen treffen, mit denen Sie sofort Kontakt und Verständigung finden. Im Gespräch erkennen Sie sich selbst und durchbrechen Denkblockaden wie von selbst. Sie wachsen über sich selbst hinaus. Resonanz verstärkt sich.

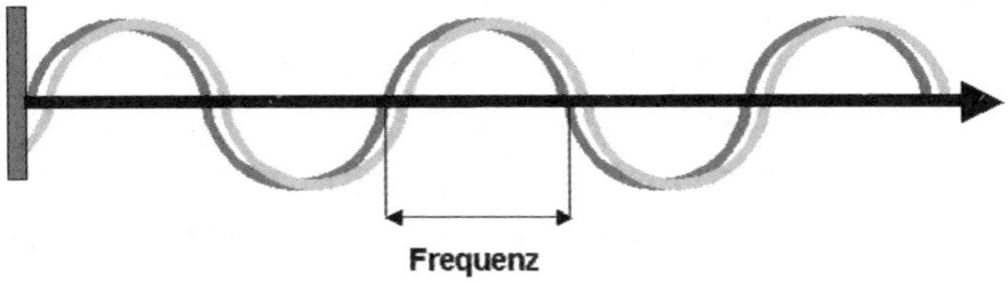

Frequenz ist nahezu gleich, Phase stimmt überein: optimale Resonanz, Schwingung verstärkt sich.

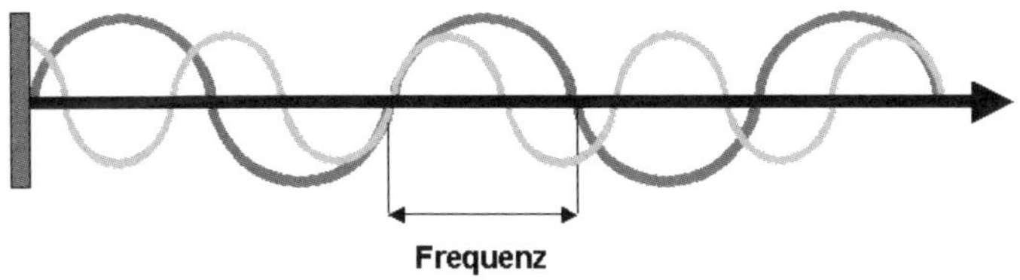

Frequenz ist ungleich, schlechte Resonanzfähigkeit.

Menschen mit anderer Gefühlswelt und Einstellung können zu Ihnen Resonanz finden, wenn sie sich von Ihnen akzeptiert fühlen. Sie haben es in der Hand, Gemeinsamkeiten zu finden und daran anzuknüpfen.

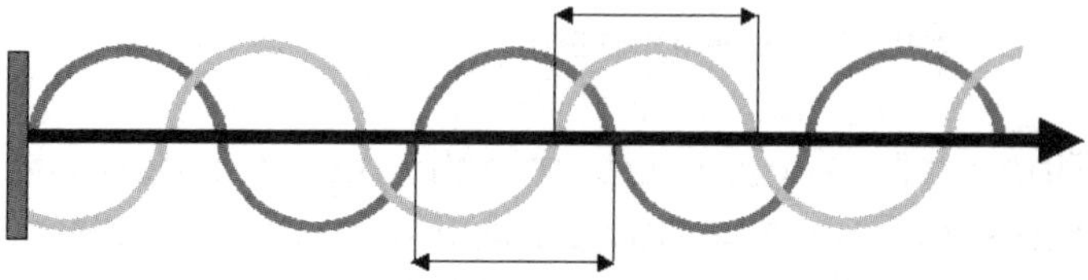

Frequenz ist nahezu gleich, Phase ist verschoben.

Gleiche Frequenz, aber phasenverschoben. Sie können dies bei Menschen beobachten, die viele Ähnlichkeiten aufweisen, einander aber ablehnen. Die Schwingungen heben sich beinahe auf. Wenn Sie eine positive Einstellung zu dieser Person gewinnen, ist eine Herstellung von Resonanz durchaus möglich.

Wir leben im Jetzt und Heute

Vergangenheit ist abgeschlossen
Wann, glauben Sie, können Sie Ihr Leben gestalten? In der Vergangenheit? Die ist unwiderruflich vorbei. Akzeptieren Sie diesen Tatbestand! An der Vergangenheit können Sie nichts mehr ändern. Ihr SEPP bringt Ihnen aber immer wieder Bilder aus der Vergangenheit, die Ihr Verhalten beeinflussen? Lassen Sie nur zu, dass er Ihnen Bilder bringt, die Ihnen Kraft für Ihr Jetzt und Heute geben. Fordern Sie ihn auf, Bilder, die Ihnen Angst machen, so klein werden zu lassen, dass sie an Bedeutung verlieren. Ihr SEPP kann diese Bilder dann ganz schnell in den Papierkorb werfen. Sie haben aus Ihren Fehlern gelernt, und dazu waren sie gut und nützlich. Jetzt brauchen Sie neue, positive Bilder und neue, positive Erfahrungen.

Heute für jetzt und danach entscheiden
Ihre Zukunft beginnt jetzt und heute. Wie sie aussehen wird, entscheiden Sie jetzt. Ihr tägliches TUN® bringt Ihnen Erfolg. TUN® Sie es jetzt!

Jeder ist für sich selbst verantwortlich
Wie befinden Sie sich heute? Welche Bilder bringt Ihnen Ihr SEPP? Welche Gefühle entstehen dabei in Ihnen?

Die einzige Person, die für Ihr Leben verantwortlich ist, sind Sie SELBST.

- Nur Sie entscheiden über Ihre Befindlichkeit am heutigen Tag.
- Nur Sie entscheiden, welche Bilder für Sie Bedeutung haben.
- Nur Sie entscheiden, welche Energien Ihnen zur Verfügung stehen.
- Nur Sie entscheiden über Ihre Zukunft.

Beginnen Sie jetzt, Ihre erfolgreiche Zukunft zu gestalten!

Zusammenfassung

1. Ihre Persönlichkeit wird geprägt von Ihrer inneren Einstellung zu sich selbst.

2. Sie selbst sind der einzige Mensch, der für Ihr Leben verantwortlich ist.

3. Beginnen Sie im Jetzt und Heute Ihre Zukunft zu gestalten!

4. Es zu wissen allein genügt nicht, Sie müssen es TUN®.

Feedback

Worauf werden Sie nach der Erarbeitung dieses Kapitels besonders achten?
Welche Erkenntnisse wollen Sie für Ihren Erfolg nutzen? Machen Sie hier Ihre Notizen!

Kapitel 4
Ihre Sprache – ein Instrument der Kommunikation

Damit befassen wir uns in diesem Kapitel

- Das Instrument Sprache
- Wirkungen der Sprache
- Worte, das sind Befehle, die Ihre Programme steuern
- Sprachmechanismen
- Sprache und Persönlichkeit

Das Instrument Sprache

«Es ist nicht genug, dass man rede. Man muss auch richtig reden.»

Diese Worte legte William Shakespeare dem Lysander in «Ein Sommernachtstraum» in den Mund.

Sprache und Denken gehören zusammen. Wir sprechen als Ergebnis unseres Denkens. Meistens jedenfalls. Deshalb warnt der Volksmund:

«Lieber mit den Füßen gestrauchelt, als mit der Zunge.»

Die Worte, die wir hören und denken, verarbeiten wir als Bilder in unserem Gehirn.

Sprache lebt
Die Sprache, gekoppelt mit der Körpersprache, ist eines der wichtigsten Handwerkszeuge in der Kommunikation. Wir können mit unserer Sprache Sachverhalte artikulieren, so weit ganz richtig. Doch Sprache ist etwas sehr Lebendiges. Sie entwickelt sich. Menschen, die eigentlich die gleiche Sprache sprechen, können sich mitunter nicht verständigen. Der Grund: Sie benutzen Worte aus einem bestimmten Erlebnisbereich, die der andere nicht kennt.

Worte wählen, die andere verstehen

Unter Fachleuten eines Gebietes klappt die Verständigung, doch wenn sie die gleichen Begriffe bei anderen Personengruppen verwenden, dann reden sie aneinander vorbei. Der Gesprächspartner beginnt sich zu langweilen und wird unaufmerksam. Beide empfinden das Gespräch als Belastung. Sie werden es sicherlich schnell abbrechen. Welche Bilder werden die beiden wohl voneinander bekommen? Voltaire hat wohl mal eine ähnliche Situation erlebt, in der er die verwendeten Bezeichnungen nicht verstanden hat, denn er sagte:

> *«Wenn du mit mir reden willst, definiere deine Termini.»*

Import- und Modeworte nur, wenn sie auch die Gesprächspartner verwenden

Deutlich zu spüren bekamen die Lebendigkeit von Sprache die Menschen im nun vereinten Deutschland. Über einen langen Zeitraum hat sich die Sprache beider verändert. Dabei meine ich nicht die Mundarten. Dialekte haben wieder andere Eigenarten. Es geht mir um die positive oder negative Besetzung von Begriffen. Fußballspieler werden in den Medien meist «Kicker» genannt. Das Wort kommt aus dem Englischen, und würde man die deutsche Übersetzung verwenden, hießen sie «Treter». Das deutsche Wort ist negativ belegt. Unter einem «Treter» stellt man sich gewöhnlich einen rücksichtslosen Menschen vor oder bringt ihn in Verbindung mit dem Wort «Abtreter». Beide Bezeichnungen, auf Menschen bezogen, sind negativ belegt. Das «Brathähnchen» und den «Broiler» bewerten wir unterschiedlich. «Broiler» war die Bezeichnung in der ehemaligen DDR. Wobei es dabei ein Kuriosum gibt: Englische Worte waren eher im westlichen Teil in die deutsche Sprache importiert worden. Das Wort Broiler ist der englische Begriff für Brathuhn, einer der wenigen Anglizismen im östlichen Teil Deutschlands. In Frankreich wehrt sich die Öffentlichkeit gegen die Importsprache. Sie sollten sie sowieso nur dann verwenden, wenn Sie solche Worte auch im Sprachgebrauch Ihres Gesprächspartners wiederfinden. Besser verstanden werden Sie auf jeden Fall, wenn Sie Begriffe aus dem deutschen Wortschatz benutzen. Goethe tat dies auch, und wie hervorragend!

Sprechen Sie die Sprache Ihres jeweiligen Gesprächspartners!

Wirkungen der Sprache

Ihre Sprache können Sie bewusst steuern. Die von Ihnen gewählten Formulierungen wecken bei Ihrem jeweiligen Gesprächspartner Interesse, wenn er sie deuten kann und Sie es verstehen, auf seine Wahrnehmungsstrategien einzugehen.

Diese Wahrnehmungsstrategien sind seine Programme, über die er am ehesten zugänglich ist. Nimmt Ihr Gegenüber eher über die visuelle Schiene (Sehen) wahr, so versteht er Sie am besten, wenn Sie diesen Sinn mit dem, was Sie sagen, ansprechen. Ihr Gesprächspartner könnte sich dann in dieser Weise artikulieren: «Das scheint mir interessant. Ich sehe das so. Betrachten wir die Sache doch einmal von der anderen Seite.» Diese Ausdrucksweise deutet auf eine visuelle Lernstrategie hin. Es ist das Programm, welches sein SEPP an einem leicht zugänglichen Ort aufbewahrt. Das wäre für Sie der Hinweis, ihm Ihr Produkt auf die gleiche Weise nahe zu bringen. Beginnen Sie mit dem, wofür sein SEPP Bilder hat.

Betonen Sie die Vorzüge Ihres Vorschlags, die mit Sehen wahrgenommen werden und die andere sich vorstellen können! Stützen Sie sich auf bildliche Darstellungen, die Ihre Worte unterstützen!

Weitere Wahrnehmungsstrategien sind die des auditiven (Hören) und des kinästhetischen (Fühlen) Aufnehmens. Diese Strategien sind Lernstrategien. Alle diese Wahrnehmungsstrategien sind bei jedem Menschen vorhanden. Der eine bevorzugt diese, der andere jene, je nachdem, womit er den größten Lernerfolg erzielt. Zwischen diesen Strategien kann der Mensch wechseln, doch eine wird immer dominieren. Es ist das Programm, mit dem dieser Mensch bisher die besten Erfolge erzielt hat. Sein diensteifriger SEPP bringt es, sobald das erste Stichwort fällt, von ganz allein. Die anderen Programme bringt er erst, wenn er mit dem ersten zu unscharfe Bilder bekommt. **Finden Sie heraus, wie ein Mensch spricht, und Sie können seine Strategie erkennen** (siehe Tabelle auf der folgenden Seite). Weitere Hinweise gibt Ihnen seine Körpersprache.

Körpersprache und Denkweise (nach Anthony Robbins)			
	Visueller Typ (sehen)	**Auditiver Typ (hören)**	**Kinästhetischer Typ (fühlen)**
Sprache	Spricht in Bildern	Gezielt in Wahl und Einsatz der Worte	Reagiert langsam, meist gefühlvoll
Stimme	Spricht schnell, hohe Stimme	Klangvoll, rhythmisch	Tiefe Stimme
Sprachqualität	Oberflächliche Sprache und Formulierungen, denkt schneller, als er spricht. Dadurch Überangebot an Bildern und ungenügende Verarbeitung in der Sprache	Langsam und Akzente setzend in den Formulierungen, Worte sind genau abgewogen und platziert	Meist ruhig, gefühlvolle Formulierungen – das Gefühl ansprechend
Formulierungen	Beschreibt Bilder, verwendet Worte, die mit Sehen in Verbindung stehen «Die Sache sieht gut aus.» «Das sehe ich ein.» «Ich kann mir kein Bild machen.»	Verwendet Worte, die auf das Hören hinweisen: «Jetzt hat es Klick gemacht.» «Das hört sich vernünftig an.» «Das klingt gut.»	Verwendet oft materielle Bilder, konkrete Darstellung, muss für Dinge ein Gefühl bekommen: «Ich ringe mit mir ...» «Ich kann es nicht fassen.»
Atmung	Atmet weit oben in der Brust, atmet flach	Gleichmäßige Bauch- oder Brustatmung	Bauchatmung
Gesichtshaut	Blasses Gesicht bei visueller Denkweise	Normaler Teint	Gerötetes Gesicht
Kopfhaltung	Gehobener Kopf	Gerader oder geneigter Kopf	Gesenkter Kopf

Worte, das sind Befehle, die Ihre Programme steuern

Bleiben wir erst einmal bei den Möglichkeiten, die Ihnen die Sprache einräumt. Welche Wirkungen erzielen Sie mit Ihrer Sprache? Mit der Wahl Ihrer Worte besitzen Sie die Fähigkeit, Bilder und damit Gefühle auszulösen.

Wahl der Worte = Wahl der Gefühle

Worte besitzen Magie. Sie können mit Worten Gefühle auslösen, positive und negative. Sie können eine Sache durch die Wahl Ihrer Worte in einem ganz anderen Licht erscheinen lassen. Mit Ihren Worten gestalten Sie Ihre Gefühlswelt und Ihre Einstellungen. Sie können sich mit Ihren eigenen Worten programmieren. Ihr SEPP passt ganz genau auf, was Sie sagen, und holt genau die Bilder zum Denken und Fühlen, die Sie ausgesprochen haben. Ihre eigenen Worte können also ein Gefühl verstärken. Sagen Sie zu sich: **Was?** Dann manifestieren Sie diesen Zustand oder vertiefen ihn sogar. Sie fühlen sich noch erschöpfter als vorher und leiden dementsprechend. Sagen Sie: Gefühlswelt verändert sich, und es geht Ihnen besser. Ihre eigenen Worte können Sie in den Zustand führen, in dem Ihnen kaum noch Energie zur Verfügung steht. Sie können sich so kraftlos reden. Ihr SEPP tut genau das, was Sie ihm befehlen.

Sie sind der Chef

Sie sind der Kapitän und Steuermann Ihres Schiffes. Sie geben die Kommandos. Ihr SEPP führt sie aus. Es kann sein, dass Ihre Programme unbewusst mehr in die negative Richtung liefen. Sie hatten den Eindruck, dass Sie das nicht beeinflussen können. Doch, Sie können!

Worte schaffen Wirklichkeit

Stellen Sie sich vor, Sie sind der Leiter eines Teams! Das Team ist in unserem Fall Ihr Körper mit seinen Wahrnehmungen und Empfindungen. Ihr Team hat sich auf Sie eingestellt. Ihre Teammitglieder wissen, worauf Sie Wert legen (Interessen, Prioritäten) und in welcher Form sie bestimmte Dinge zu erledigen haben (Programme). Es ist ein Team, das schon lange zusammenarbeitet und aufeinander abgestimmt ist. Natürlich gibt es einzelne Mitglieder im Team, die ab und zu aneinander geraten, weil sie meinen, dass ihre Bedürfnisse zu kurz kommen. Sie spüren das Gefühl der inneren Zerrissenheit. Ihr SEPP bringt Ihnen die gegensätzlichen Bilder gleichzeitig, immer wieder: Sie fühlen sich dadurch gestört, wie ein Leiter, dem die Mitarbeiter mit ihrem Kleinkram auf die Nerven gehen. Mit der Zeit zieht sich ein Mitarbeiter des Teams in die «Schmollecke» zurück, und der andere triumphiert. Scheinbar ist nun Ruhe eingetreten. Doch die Unmutsgefühle des zurückgesetzten

Mitarbeiters stören die Harmonie im Team (in Ihrem Körper). Immer wieder treten nun Spannungen auf. Der Mitarbeiter (der Teil Ihres Selbst) findet andere Wege, um sich zur Wehr zu setzen. Der Arbeitsablauf in Ihrem Team wird dort gestört, wo Sie es am wenigsten erwarten. (Ihr Körper sucht sich ein Ventil, um Ihnen klar zu machen, dass etwas nicht in Ordnung ist.) Welche Möglichkeiten haben Sie als Leiter eines Teams? Der Ablauf in den bisherigen Schienen hat sich als zu störanfällig erwiesen, weil die Richtung nicht stimmte. Sie müssen die Weichen neu stellen, Ihrem Team neue und andere Anweisungen geben (Ihre Programme neu gestalten). Das können Sie mit Worten. **Geben Sie Ihrem Team neue Regieanweisungen.** Ihr Team, wie Ihr SEPP, wird immer mal wieder versuchen, in das alte Gleis zurückzukehren. Sie brauchen Geduld und Ausdauer, um sich und Ihr Team neu zu programmieren. Achten Sie auf Ihre Sprache! Wenn Sie die neuen Regieanweisungen immer wieder geben, dann wird Ihr Team darauf reagieren. Mit der Wahl Ihrer Worte schaffen Sie sich eine neue Wirklichkeit. Wenn Sie laut zu sich sprechen, dann nutzen Sie einen weiteren Wahrnehmungskanal. Ihrem SEPP vermitteln Sie neue Bilder, wenn Sie sich intensiv vorstellen, was Sie fühlen, wenn Sie nach dem neuen Muster verfahren. Stoppen Sie das alte Programm mit dem energischen Ausruf: «**Halt!**», und geben Sie sich die neue Anweisung. Ihr SEPP schaltet nun auf Ihr neues Programm um.

Sprache ist steuerbar

Die alten Programme legt er immer weiter hinten in Ihrem Archiv ab. Programme, die sich als sehr nachteilig für Sie erwiesen haben, sollten Sie bewusst außer Kraft setzen. **Ihre Sprache beeinflusst Ihr Denken, Fühlen und Handeln.** Sie können wählen, denn Ihre Sprache können Sie bewusst steuern. Lernen Sie, mit Ihrer Sprache zu Ihrem Nutzen umzugehen. Ihr bewusster Umgang mit Sprache hat auch Einfluss auf Ihre Umwelt.

Versuchen Sie sich als «Zauberer der Worte»! Finden Sie Möglichkeiten, mit einer anderen Wortwahl Gefühle zu neutralisieren.

Formulierungsübungen

Suchen Sie Formulierungen, die die negative Wirkung der Worte neutralisieren!

Demotivierend	**Neutralisierend**
Ich bin am Boden zerstört.	Ich bin zeitweise aus dem Tritt.
Ich bin beleidigt.	Die Worte haben mich etwas betroffen gemacht.
Ich fühle mich deprimiert.	
Ich bin total erschöpft.	
Ich fühle mich krank.	
Ich habe Angst.	
Ich bin ausgebrannt.	
Ich fühle mich überfordert.	
Mir wächst alles über den Kopf.	

Positive Formulierungen sind steigerbar – und damit Ihre Stimmung.
Finden Sie Steigerungen!

Positiv	**Gesteigert**
Sie ist attraktiv.	Ich finde sie hinreißend.
Ich bin aktiv.	
An diese Aufgabe gehe ich kraftvoll heran.	
Ich bin erfolgreich.	
Ich fühle mich geliebt.	
Ich bin ein Siegertyp.	

Ich gebe Ihnen einige Beispiele:

1. Beispiel

▼ «In unserer Stadt herrscht das absolute Verkehrschaos.»

Das Wort «Chaos» weckt bestimmte Empfindungen. Es ist etwas, das nicht mehr beeinflusst werden kann, das Angst und Panik verursacht und zu Hilflosigkeit führt. Das Wort «absolut» vermittelt, dass eine Steigerung kaum noch möglich sein wird. Das in diesem Satz Beschriebene löst das Gefühl des Ausgeliefertseins aus. Dieses «Chaos herrscht», es hat also Macht über uns. Das Bild, das der SEPP für Sie baut, zeigt Sie als Unterlegenen ohne Handlungsspielraum.

Drücken Sie sich bei der Beschreibung des Zustandes so aus:

▲ «Der *Verkehr* auf den Straßen unserer Stadt hat eine hohe *Verkehrs*dichte.»

Dann bringt Ihr SEPP weniger bedrohliche Bilder. Es fahren viele Autos durch die Straßen, doch der Zustand ist noch akzeptabel. Lösungswege stehen zur Verfügung.

2. Beispiel

▼ «Der Herr Montag ist ein sturer Kerl. Mit dem kann niemand auskommen.»

Welches Bild von Herrn Montag bringt Ihnen Ihr SEPP? Ein Mann mit einem starren Panzer um sich herum, der sich nicht vom Fleck rührt, viele Wege blockiert und mit dem es immer wieder schmerzhafte Zusammenstöße gibt? Herrn Montag haben Sie mit diesen Worten in eine eiserne Schublade gesteckt, die außerdem noch klemmt. Die Möglichkeiten, doch noch einen Kompromiss mit Herrn Montag zu finden, haben Sie mit einer solchen Wortwahl ausgeschlossen. Sie suchen nicht einmal mehr nach Lösungswegen. Stellen Sie sich vor, Herr Montag wäre Ihr Chef, den Sie um eine Gehaltserhöhung bitten möchten. Mit welchen Gefühlen würden Sie zu ihm gehen? Würden Sie überhaupt den Versuch wagen?

Ich stelle Ihnen diese Variante vor:

▲ «Damit Herr Montag meiner Bitte positiv entgegenkommt, brauche ich gute Argumente und ein gesundes Selbstvertrauen.»

Ihr SEPP weiß, dass es einen Zugang zu Herrn Montag gibt, dass er den richtigen noch finden muss. Sie werden versuchen, die Wirklichkeit von Herrn Montag zu erkennen und aus seiner Sicht heraus zu argumentieren. Alle Wege stehen offen, denn Sie sind bereit, sich mit diesem Menschen zu befassen.

3. Beispiel

▼ «Diese Angelegenheit ist mir über den Kopf gewachsen. Ich weiß mir keinen Rat mehr.»

Sprechen Sie diesen Satz laut aus, dann haben Sie sicher bereits aufgegeben. Die Erwartungen, die Sie an sich selbst gestellt haben, haben sich nicht erfüllt. Das Ergebnis ist Frust. So fühlen Sie sich auch. Die Sache von einer anderen Seite zu betrachten, versucht Ihr SEPP erst gar nicht. Warum sollte er Ihnen Bilder bringen, die Lösungswege andeuten? Sie haben ja gesagt, dass es aussichts-, sogar ausweglos ist. Mit diesem Selbsteingeständnis blockieren Sie Ihre Energien. Sie werden vom Spieler zum Spielball.

Auch hier eine Neutralisierung dieser Aussage:

▲ «Diese Angelegenheit fordert mich sehr. Ich suche beständig nach neuen Lösungsvarianten.»

Ihr SEPP versteht, dass Sie sich eine anspruchsvolle Aufgabe gestellt haben. Mit diesen Worten mobilisieren Sie Energien und fördern Ihre Kreativität. Sie gehen weiterhin schöpferisch mit dieser Aufgabe um. Ein Irrtum veranlasst Sie zu einem neuen Versuch. Dabei lernen Sie und schöpfen Ihre Wachstumsbereiche aus.

Sprachmechanismen

Das Wort ist ein Symbol für eine Sache, doch nicht die Sache selbst. Wenn wir auch manchmal geneigt sind, anzunehmen, dass alle anderen das Gleiche meinen wie wir selbst. Das ist die Ursache vieler Missverständnisse. Missverständnisse sollten in Ihrer beruflichen Tätigkeit nach Möglichkeit ausgeschlossen werden. Dazu müssen Sie sich immer wieder vor Augen führen, dass jeder Mensch seine eigene Wirklichkeit hat und seine eigene Landkarte von einem bestimmten Gebiet. Schauen Sie einmal auf das **Bild vom semantischen Hof eines Wortes:**

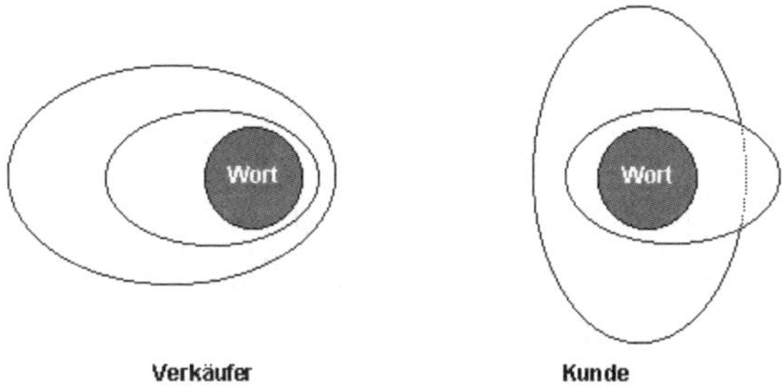

So ist die Verständigung möglich

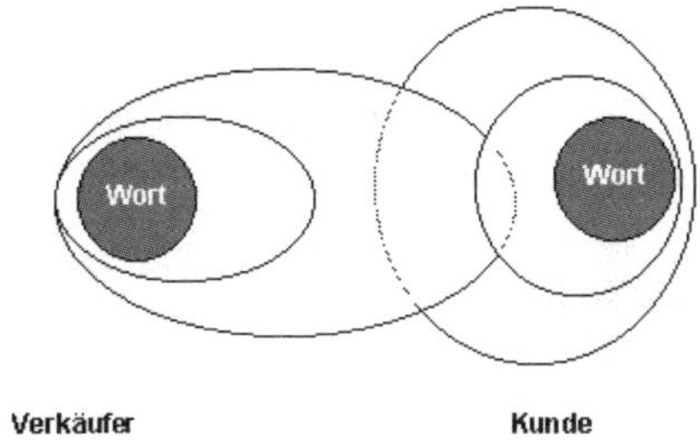

Semantik: Lehre von der Bedeutung von Wörtern und sprachlichen Zeichen. Das Wort steht für die Sache, ist aber nicht die Sache selbst. Es ist die Landkarte und nicht das jeweilige Land. Landkarten für ein bestimmtes Gebiet können verschieden sein. Im großen Maßstab ist ein bestimmter Ort nicht auffindbar, im kleinen Maßstab können Sie sogar die Straßen des Ortes erkennen. Wie groß ist das Umfeld eines Wortes für Ihren jeweiligen Kommunikationspartner? Dehnt es sich in der gleichen Richtung aus wie das Ihre? Haben Ihre Karten den gleichen Maßstab? Finden Sie es heraus!

Eine weitere Quelle für Missverständnisse sind Auslassungen. Sie sagen einen Satz, von dem Sie annehmen, dass Ihr Gesprächspartner versteht, was Sie meinen. Ihr Gesprächspartner glaubt auch, dass er Sie verstanden hat. Auslassungen füllen Sie sofort mit den Details Ihrer eigenen Bilder aus. Ihre Wahrnehmungen von Ihrem Standpunkt sind auf verschiedene Dinge gerichtet. Sehen Sie sich das folgende Bild an.

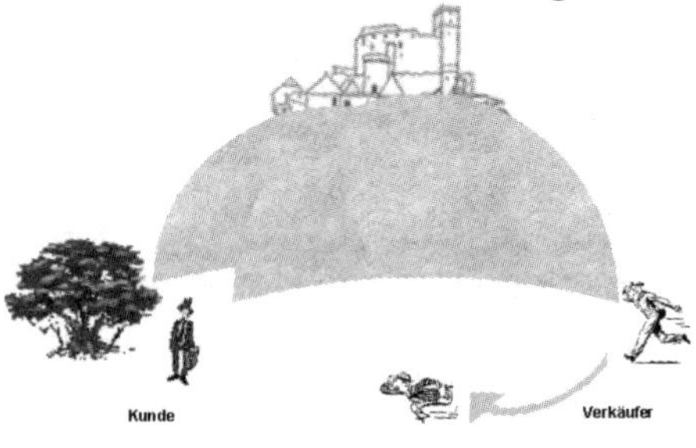

Sie glauben, verstanden zu haben

Nehmen Sie selbst die Position der Person B ein. Versetzen Sie sich dann gedanklich in die Position der Person A und lassen Sie sich deren Sichtweise erklären. Fragen Sie nach, damit Sie sich einen vollständigeren Eindruck von ihren Bildern machen können. Sie können sich so in Ihren Aussagen verständlicher machen. Die Wahrscheinlichkeit von Missverständnissen wird geringer, denn Sie werden weitestgehend auf Auslassungen verzichten.

Sie sprechen mit der Person, die unter dem Baum sitzt, über das Schloss auf dem Berg. Die Person kennt die Schlossruine, die ja sicher einmal ein Schloss war. Sie denkt, Sie meinen genau das Bild, welches sie selbst hat. Nun reden Sie von einer Ausstellung mittelalterlichen Hausrats, die in den Räumen des Schlosses stattfindet. Aha, ergänzt nun die Person für sich, es wird eine Freiluftausstellung sein. Die werde ich besuchen. Sie erfahren nun wiederum von dieser Person, dass die Sommerkonzerte in diesem Schloss durch die besondere Akustik ein herausragendes Klangerlebnis sind. Von den Konzerten haben Sie noch nichts gewusst, Sie würden sich aber gerne eins anhören. Beide machen sich auf den Weg, beide kehren enttäuscht zurück und fühlen sich veralbert. Dabei haben beide Personen aus ihrer Wirklichkeit heraus die Wahrheit gesagt.

Verantwortung liegt beim Sender

Die Wahrheit ist immer das, was der andere versteht. Die Verantwortung dafür, was beim Empfänger ankommt, hat immer der Sender. In unserem Beispiel waren beide am Gespräch Beteiligten mal Sender und mal Empfänger. Auslassungen bei der Kommunikation, das ist ein Programm. Zwischen zwei Personen, die sich über einen längeren Zeitraum sehr intensiv mit ein und derselben Sache, z. B. Briefmarkensammeln, befassen und sich häufig darüber austauschen, bringt dieses Programm gewisse Vorteile. Es spart Zeit. Würden diese Spezialisten einander die Sache Schritt für Schritt immer wieder erklären, dann gäbe es Störungen in der Zusammenarbeit. Sie würden sich verbitten, immer wieder darauf hingewiesen zu werden, dass Beschädigungen der Briefmarke deren Wert mindern und dass die Briefmarke auf dem vollständigen Brief eine vollständige historische Aussage hat. Einem Anfänger gegenüber werden Sie darauf hinweisen.

Worthülsen verwirren

Verwenden Sie Worthülsen? Das sind Begriffe oder Redewendungen, hinter denen der Zuhörer alles Mögliche vermuten kann. Sie werden oft benutzt und sind in aller Munde, doch keiner versteht sie richtig. Worthülsen werden oftmals aus einem bestimmten Fachgebiet übernommen, doch selbst Fachleuten fällt es oft schwer, sie verständlich zu definieren.

Sie fragen z. B. einen Bahnbeamten, warum Ihre Zugfahrt nach Berlin mehr kostet als vor einer Woche. Er erzählt Ihnen etwas von den neuen Bahntarifen. Im Zug fragen Sie den Schaffner noch einmal, weil Sie von einer Tarifänderung gar nichts gehört haben. Dieser antwortet Ihnen: «Das liegt an der Streckenerweiterung.» Schnell geht er weiter, denn der Mann hat ja viel zu TUN®. Sie sind immer noch nicht klüger geworden, doch beide Beamte sind der Meinung, Ihnen umfassend Auskunft erteilt zu haben. Das haben sie aber nicht. Ihnen wurde eine Worthülse hingeworfen, deren Schale so hart ist, dass Sie sie nicht knacken können. Benutzen Sie Begriffe, die Ihre Mitmenschen verstehen!

Fachbegriffe brüskieren den Laien

Stellen Sie sich vor, Sie kommen mit einem Ihnen bis dahin unbekannten Menschen in einer Tagungspause ins Gespräch. Nun erklärt er Ihnen seine Ansicht über das Tagungsthema mit «fachchinesischen» Begriffen, die Ihnen so gut wie nichts sagen. Wie fühlen Sie sich in dieser Situation? Ihr Selbstwertgefühl bekommt einige unsanfte Stöße ab. In Ihrem Innersten denken Sie: «Ich gehöre wohl gar nicht hierher, alles Kapazitäten auf diesem Gebiet.» Sie fühlen sich selbst unwohl und beginnen diesen Menschen abzulehnen. Die Beziehungsebene ist gestört. Sie könnten sagen: «Würden Sie mir das bitte näher erklären? Was verstehen sie unter ...?» Die meisten Menschen werden sich entschuldigen und ihre Worte verständlicher wählen.

Nicht ins Bockshorn jagen lassen

Sind Sie aber an jemanden geraten, der nur darauf aus war, Sie zu beeindrucken, dann antworten Sie ihm: «Ich glaube, sie embrouillieren mich.» Dann ziehen Sie sich zurück. (embrouillieren – sprich *embruullieren*; franz. = verwirren)

Ihren Mitmenschen werden Sie sicherlich nicht zumuten wollen, sich von Ihnen herabgesetzt zu fühlen. Ihnen liegt daran, verstanden zu werden. Doch sollten Sie selbst einmal so einem unangenehmen Zeitgenossen begegnen, so halten Sie ihm ruhig den Spiegel vor und wenden sich denen zu, die Ihnen angenehm sind. Sie haben das gleiche Recht wie alle anderen Menschen, sich Ihre Gesprächspartner auszuwählen.

Sollte dies aus irgendwelchen Gründen einmal nicht möglich sein, dann trauen Sie sich zu, die für Sie und die jeweilige Situation richtigen Strategien zu entwickeln.

Sprechen Sie die Sprache Ihrer Gesprächspartner!

Sprache und Persönlichkeit

Sauber und laut sprechen

Die Sprechweise einer Person lässt Rückschlüsse auf die Persönlichkeit zu. Eine undeutliche Aussprache strengt den Zuhörer an. Sie schließen aus einer unsauberen Aussprache, dass diese Person auch sonst nachlässig ist. Sprechen mit geringer Lautstärke erweckt den Eindruck, dass diese Person ein geringes Selbstwertgefühl hat und sich nicht traut, lauter zu sprechen.

Die wichtigste Voraussetzung für eine gute Aussprache ist die **Atmung**. Der Atemstrom aus der Lunge bringt unsere Stimme zum Klingen. Kraftvolles Sprechen benötigt die Unterstützung des Zwerchfelles. Meistens atmen wir aber nur flach in den Brustkorb. Ihr Zwerchfell können Sie trainieren. Dazu genügen bereits wenige Übungen nach dem Aufstehen.

Machen Sie diese **Übungen bei offenem Fenster!**

Erste Übung: Ausatmen auf «F»

- Atmen Sie zuerst alle Restluft aus!

- Atmen Sie durch die Nase ein und halten Sie dann den Atem einen Moment an! Dabei sollten Sie auf die Bauchatmung achten. Ihre Bauchdecke muss sich nach vorn wölben.

- Stützen Sie Ihre rechte Hand unterhalb des Rippenbogens in die Taille! Dort ist das Zwerchfell. Lassen Sie die Hand dort und spüren Sie, was beim Ausatmen geschieht!

- Atmen Sie nun auf den Konsonanten «**F**» langsam aus! Lassen Sie den Atemstrom aus sich herausfließen.

- Ihr Zwerchfell wird sich dabei nach oben wölben.

- Wiederholen Sie **alle Übungen** wenigstens **dreimal!**

Zweite Übung: Atemstrom teilen
Bei der nächsten Übung unterbrechen Sie den ausgeatmeten Atemstrom. Sie schließen kurz den Mund und öffnen ihn wieder! Teilen Sie den Atemstrom in fünf Teile.

Dritte Übung: Ausatmen auf «S»
Bei der dritten Übung atmen Sie auf den Buchstaben «**S**» aus. Dieser Konsonant bietet mehr Widerstand.

Vierte Übung: Blubbern auf «B»
Der vierte Buchstabe, der Ihr Zwerchfell trainiert, ist das «**B**». Lassen Sie die Luft aus sich herausblubbern.

Fünfte Übung: Ausatmen auf «Sch»
Die fünfte Übung kennen Sie, wenn Sie noch Dampflokomotiven erlebt haben.
Atmen Sie die Luft nun schon etwas kraftvoller aus, wie ein Kind, das Eisenbahn spielt: «**Sch, Sch, Sch ...**»

Sechste Übung: Stoßweise auf «Kss»
Bei der vorletzten Übung lassen Sie Ihr Zwerchfell noch einmal so richtig hüpfen. Atmen Sie stoßweise und kraftvoll auf die scharfen Konsonanten «**Kss, Kss, Kss...**» aus.

Siebte Übung: Richtig durchatmen
Zum Schluss atmen Sie noch einmal richtig durch. Heben Sie beim Einatmen die Arme vor dem Körper nach oben, so dass Sie die Hände beim Luftanhalten zu beiden Seiten in Kopfhöhe halten. Beim Ausatmen senken Sie die Hände mit der Handfläche nach oben vor dem Körper bis in Bauchhöhe.

Diese Übungen trainieren Ihr Zwerchfell, damit es Ihren Atem beim Sprechen stützen kann. Sie werden spüren, dass die große Menge Sauerstoff, die Sie Ihrem Körper dabei zuführen, Ihr Wohlbefinden steigert.

Eine klare und saubere Aussprache können Sie sich aneignen. Sprechen Sie vor dem Spiegel alle Vokale (Selbstlaute) und bewegen Sie den Mund dabei übertrieben. Ziehen Sie die Vokale lang und lassen Sie sie ineinander übergehen! **«Aaaaa ..., Eeeee ..., Iiiii ..., Ooooo ..., Uuuuu ...»** Nun die Umlaute: «**Ei..., Äääää..., Ööööö..., Üüüüü..., Eu...**» Sie bemerken, wie Ihre Gesichtsmuskulatur beansprucht wird. Schütteln Sie Ihren Kopf und lassen Sie den Mund leicht geöffnet. Spüren Sie es? Die Spannung lässt nach. Wenn das noch nicht ausreicht, sprudeln Sie mit den Lippen, wie es Pferde manchmal TUN®.

Stimme zum Klingen bringen
Für einen vollen Klang braucht unsere Stimme einen Resonanzraum. Das sind unser Mund und der Rachenraum. Sie wissen, wenn Sie in einer Kirche stehen, ist die Resonanz eines gesprochenen Wortes viel größer, denn die Schwingungen verstärken sich im Raum. In einem kleinen Zimmer fehlt dieser Hall. Weiten Sie Ihren Resonanzraum. Mit zusammengekniffenen Lippen und einem verkrampften Hals haben Sie nur den Resonanzraum einer Hundehütte zur Verfügung. Sie wollen aber das Kirchenschiff. Dies erreichen Sie mit ein paar ganz einfachen Übungen.

Gähnen und klopfen
Zuerst **gähnen Sie mit geschlossenem Mund** mehrmals hintereinander. Dann machen Sie beide Hände zur Faust und klopfen leicht gegen Kinn und Wangenmuskulatur. Zum Schluss lassen Sie mit geöffnetem Mund den Kopf nach vorn hin und her baumeln. (Vorsicht: **Nicht den Kopf rundherum pendeln lassen!** Das würde eher schaden. Unsere Wirbelsäule ist kein Kugelgelenk.)

Ruhig übertreiben
Zur klaren und deutlichen Sprache gehört das akzentuierte Aussprechen der Konsonanten. Das können Sie am besten mit ein paar lustigen Sprüchen üben. So, wie Sie es aus «My fair Lady» kennen.

«Die torkelnde Tante, die torkelnde Tante, die torkelnde Tante ... fällt die Treppe hinab.»

«Meine Mutter macht Marmelade.»

«Nur nörgelnde Nattern nörgeln nicht nur am Nachmittag.»

«Paule paukt, dass die Pauke kracht. Willy ulkt, dass der Paule lacht.»

«Lieber lasse ich Lebertran stehen, lass uns lieber zur Laube gehen.»

«Bier und Brause lass lieber zu Hause, wir trinken Wasser, das ist viel nasser.»

«Kleine Kinder können keine Kisten karren.»

Sprüche wie «Fischers Fritze fischt frische Fische, frische Fische fischt Fischers Fritze» oder «Der Cottbuser Postkutscher putzt den Cottbuser Postkutschkasten blank» kennen Sie sicherlich. Suchen Sie selbst nach Sätzen, die möglichst viele gleiche Konsonanten enthalten. Wenn diese noch dazu lustig sind, können Sie sich die Sprüche leichter merken.

Wenn Sie diese Übungen, die nur wenig Zeit in Anspruch nehmen, einige Male gemacht haben, wird sich das auch auf Ihre normale Sprache positiv auswirken.

Passen Sie Ihr Sprechtempo an

Ihre Stimme ist Ihnen von der Natur vorgegeben. Sie ist genetisch bedingt. Eine tiefere Stimme verstehen auch ältere Leute besser. Sie wirkt beruhigend. Frauen haben von Natur aus eine höhere Stimmlage. Wenn sie unter dem Einfluss starker Emotionen sprechen, erhöht sich die Stimmlage. Sprechen Sie ruhig und ausgeglichen! Machen Sie Pausen beim Sprechen, dass Ihnen Ihre Mitmenschen folgen können. Akzentuieren Sie! Über die Grammatik denkt niemand beim Sprechen bewusst nach. Die Worte, auf die es ankommt, sagen Sie meist am Anfang eines Satzes, denn darauf liegt die Betonung. Eine immer gleich bleibende Stimme ermüdet den Zuhörer. Die Bewegung der Stimme hält das Interesse am Gesagten wach. Ihr Sprechtempo sollten Sie dem Ihres jeweiligen Gesprächspartners angleichen. Spricht Ihr Gegenüber relativ schnell, dann können Sie das auch TUN®. Sie stellen damit gleichzeitig Resonanz her. Spricht er betont langsam, so verlangsamen Sie Ihr Sprechtempo ebenfalls. Ihre innere Einstellung zu sich selbst drücken Sie auch in Ihrer Sprache aus.

Zusammenfassung

1. Ihre Sprache ist der Ausdruck Ihrer Persönlichkeit.
2. Achten Sie darauf, dass Ihre Sprache und Ihre Körpersprache im Einklang stehen!
3. Trainieren Sie Ihre Stimme! Sie ist vergleichbar mit einer Visitenkarte.

Feedback

Worauf werden Sie nach der Erarbeitung dieses Kapitels besonders achten? Welche Erkenntnisse wollen Sie für Ihren Erfolg nutzen? Machen Sie sich hier Notizen!

Kapitel 5
Menschen sehen und verstehen – Körpersprache

Damit befassen wir uns in diesem Kapitel

- ❖ Körpersprache ist analog
- ❖ Kenntnisse über Körpersprache – wo liegt der Nutzen?
- ❖ Die Körpersprache analog deuten
- ❖ Symbolik der Formen
- ❖ Mimik und Gestik: Teile der Körpersprache
- ❖ Körperhaltungen
- ❖ Einsatz von Körpersprache im TUN®

Körpersprache ist analog

Die Gefühlswelt wird in der Körpersprache sichtbar

Die Körpersprache ist analog – analog (entsprechend) zu Ihrer inneren Gefühlswelt. Körpersprache wird als Ganzheit wahrgenommen und ergibt erst so ein Bild. Die Gefühle, die die inneren oder aufgenommenen Bilder hervorrufen, strömen als Energie durch unseren Körper. Wir können aber nur unsere eigenen Gefühle spüren. Doch die damit verbundene Energie fließt durch den Körper. Sie wird in Körpersprache umgewandelt. Die Situation, der ausgesendete oder empfangene Reiz, die Mimik, die Gestik, die verkörperte Rolle, die Sprache, das Tempo und die Bewegung der Sprache sowie der Geruch des Menschen beeinflussen die Wahrnehmung. Die Interpretation erfolgt ebenfalls analog.

Unsere rechte Gehirnhälfte ist in der Lage, analog zu denken. Alle Mythen und Sagen entstanden durch analoge Deutungen. Die Körpersprache ist älter als unsere Sprachen. Auch Tiere verfügen über die Fähigkeit, sich mit körpersprachlichen Signalen zu verständigen. Bei Tieren, die in einer sozialen Rangordnung leben, z. B. in einem Wolfsrudel, zeigt ein Omega-Wolf (rangniedrigstes Tier) dem Alpha-Wolf (Anführer und ranghöchstes Tier) durch Signale, dass er sich ihm unterwirft. Täte er es nicht, gäbe es einen Kampf, bei dem er mit Sicherheit der Unterlegene wäre.

An dieser Stelle möchte ich Ihnen den Analogiebegriff anhand von Wortzuordnungen verdeutlichen.

Welchen **Oberbegriff** wählen Sie für diese Wortketten, und welches Wort passt nicht dazu?

1. ______________________________

☐ Wal
☐ Kaninchen
☐ Mensch
☐ Krokodil
☐ Tiger
☐ Murmeltier
☐ Schwein
☐ Schimpanse

2. ______________________________

☐ Esche
☐ Birke
☐ Buche
☐ Eiche
☐ Douglasie
☐ Ahorn
☐ Linde
☐ Erle

3. ______________________________

☐ Libelle
☐ Tagpfauenauge
☐ Admiral
☐ Moskito
☐ Kolibri
☐ Fliege
☐ Biene
☐ Wespe

4. ______________________________

☐ Titan
☐ Kambium
☐ Vanadium
☐ Eisen
☐ Aluminium
☐ Blei
☐ Natrium
☐ Radium

Haben Sie die Oberbegriffe gefunden? Bei der ersten Wortkette handelt es sich um Säugetiere, das Krokodil ist eine Echse. Die zweite Wortkette enthält einheimische Laubbäume, bis auf die Douglasie, das ist ein Nadelbaum. Die Begriffe der dritten Kette könnten Sie mit Insekten überschrieben haben, außer der Kolibri, das ist ein Vogel. Die letzte Kette, das sind Metalle. Das Kambium ist das pflanzliche Gewebe, welches für das Dickenwachstum der Pflanze verantwortlich ist.

Diese Art der Klassifizierung kennen Sie aus der Schule. Die Einteilung verlangt logisches, strukturierendes, also linkshirniges Denken.

Was meinen Sie nun zu diesen Zusammenstellungen? Haben diese Worte eine **Verbindung untereinander**?

1.

Löwe, purpur, Diamant, führen, Adler, Rose, Gold

2.

Denken, Philosophie, Kunst, sprechen, Liebe, Technik, Kleidung, Politik, abstrahieren, Feste, Diplome

3.

Eiszeit, Vulkane, driften, Faltung, Kreide, Himalaja, Kohle, Druck

Finden Sie den Zusammenhang heraus? Gibt es ihn überhaupt?

Analoge Zuordnung
Es sind analoge Zusammenhänge. Die erste Wortgruppe – das sind königliche Prinzipien. Die Begriffe der zweiten Wortgruppe sind Merkmale des menschlichen Daseins. Die Begriffe der dritten Reihe gehören zur erdzeitlichen Entwicklungsgeschichte.

Finden Sie nun selbst Analogien heraus!

Welche Begriffe fallen Ihnen im Zusammenhang mit «**Winter**» ein?

____

____

____

Bringen Sie all die Worte zu Papier, die Ihnen einfallen, wenn Sie an «**Urlaub**» denken!

____

____

____

Was fällt Ihnen beim Stichwort «**Geld**» ein?

____

____

____

In Ihrem Lebensumfeld bauen Sie Erwartungen auf, die auf Analogien zurückzuführen sind.

Hier stimmt was nicht

Stellen Sie sich diese Situation vor: Sie besuchen ein Sinfoniekonzert. Voller Vorfreude kleiden Sie sich an. Sie steigen aus Ihrem Alltag aus. Sie sind entspannt und genießen die Atmosphäre beim Betreten des Konzertsaals. Ihre Hochstimmung findet Resonanz bei allen anderen Musikfreuden, die gekommen sind. Mit einigen Bekannten hatten Sie zuvor ein paar Worte gewechselt. Alles in Ihnen ist offen für ein glanzvolles Klangerlebnis. Die Damen und Herren des Orchesters betreten die Bühne, gekleidet ganz in Schwarz. Der Konzertmeister gibt den Kammerton «a». Die Streicher stimmen ihre Instrumente. Der Dirigent betritt die Bühne und Beifall tost auf. Irgendetwas ist nicht so, wie Sie es erwartet haben. Aber was ist es? Erst als sich der Dirigent nach dem ersten Stück umdreht, sehen Sie es. Er trägt anstelle der Lackschuhe – Turnschuhe. Das passt nicht zum Ambiente des Konzertes. Nun kann es ja durchaus möglich sein, dass der Dirigent vor lauter Lampenfieber vergessen hat, die Schuhe zu wechseln, oder dass die Lackschuhe auf seine Hühneraugen drückten. Ihre analoge Erwartungshaltung lässt solche Ausrutscher nicht zu. Sie stören Ihr Empfinden für die Ganzheit.

Körpersprache ist uns eigen

Soweit zur Analogie allgemein. Wenden wir uns nun wieder der Körpersprache zu. Mit Ihrer Körpersprache drücken Sie weit mehr aus als mit Ihren Worten. Sie entspricht dem, was Sie denken und fühlen. Die Körpersprache muss nicht erst erlernt werden, sie ist uns eigen.

Rechte Hirnhälfte = Sachlichkeit

Sie erinnern sich an die zum Gehirn gemachten Aussagen? Unser Gehirn teilt sich in zwei Hemisphären, die durch den Balken getrennt und verbunden sind. Die linke Hirnhälfte ist für unsere Ratio, die sachliche Ebene zuständig. Sie steuert wegen der Kreuzung der Nervenbahnen die rechte Körperhälfte. Begleiten Sie Ihre Worte körpersprachlich mit der rechten Hand, so betonen Sie den sachlichen Inhalt mit Ihren Bewegungen. Der «erhobene» Zeigefinger der rechten Hand – welche Gefühle weckt bei Ihnen ein solcher Anblick? Er erinnert an den Lehrer, der seinen Unterrichtsstoff in Ihren Kopf einhämmern wollte. Oder an die Erziehung in den ersten Lebensjahren: «Das darfst du nicht.»

Wenn Sie von einem Ortsfremden nach dem Weg zum Bahnhof gefragt werden, mit welcher Geste weisen Sie ihm die Richtung? Mit dem Zeigefinger. Genau. Analog der sachlichen Auskunft benutzen Sie die Hand, die von der Körperhälfte gesteuert ist, die für die Ratio zuständig ist.

Wendet Ihnen Ihr Gesprächspartner die **rechte Körperseite** zu und begleitet seine Worte mit der **rechten Hand**, wird er Ihnen überwiegend **Sachinformationen** übermitteln.

Begleitet Ihr Gesprächspartner seine Aussagen mit der **linken Hand** und wendet er Ihnen seine **linke Körperseite** zu, dann sind seine Aussagen **gefühlsmäßig** geprägt. Er kommuniziert mit Ihnen vorwiegend auf dieser Ebene. Das kann der Fall sein, wenn er Ihnen eine neue Idee unterbreitet oder wenn eine Sache ihn gefühlsmäßig sehr bewegt.

Kenntnisse über Körpersprache – wo liegt der Nutzen?

Ihre Körpersprache ist keine Fremdsprache, die Sie erst lernen müssen. Sie beherrschen sie seit Ihrer Geburt. Ihre eigene Körpersprache ist nicht erlern- und kaum beeinflussbar. Sie wird unbewusst gesteuert und unbewusst wahrgenommen. Ihr SEPP erledigt das ohne Ihre Aufforderung. Die Beziehungsebene zwischen Kommunikationspartnern unterliegt dem Einfluss der Körpersprache. Anhand der Körpersprache können Sie analog auf die innere Befindlichkeit Ihres Mitmenschen schließen. Seine Haltung, Gestik, Mimik und seine Sprechweise signalisieren seine inneren Bilder und die damit verbundenen Gefühle. Sie können niemals die Gefühle eines anderen Menschen fühlen, denn wir sind Gefangene unseres eigenen Universums, unserer eigenen Wirklichkeit. Sie können diese Gefühle aber anhand der Körpersprache deuten.

Eine Eindeutigkeit der Zuordnung ist nicht möglich. Es sollten schon wenigstens zwei Körpersignale mit der gleichen Entsprechung zusammen beobachtet werden. Bei Menschen aus unterschiedlichen Kulturkreisen gibt es auch im körpersprachlichen Bereich Unterschiede. Körperliche Gebrechen oder bestimmte Marotten der Person sollten Sie ebenfalls berücksichtigen.

Den Versuch, Ihre eigene Körpersprache im Gespräch zu manipulieren, sollten Sie bleiben lassen. Sie sind so in Ordnung, wie Sie sind. Ihre innere Einstellung ist das Primäre bei der Körpersprache. Körpersprache wird unbewusst gesteuert und unbewusst wahrgenommen. Der SEPP des anderen interpretiert Ihre unbewusst ausgesendeten Signale. Er nimmt sich bekannte Bilder hervor und vergleicht in Bruchteilen von Sekunden.

Körpersprache fließen lassen

Lassen Sie Ihre Körpersprache fließen! Ihre positive innere Einstellung zu Ihrem Mitmenschen drückt Ihre Körpersprache von ganz allein aus. Viel besser, als wenn Sie versuchen würden, sie zu steuern.

Ist das glaubhaft?

Machen Sie einmal mit Ihrem Partner folgenden Versuch: Stellen Sie sich gegenüber! Sagen Sie Ihrem Partner oder Ihrer Partnerin, wie bedeutungsvoll er/sie in Ihrem Leben ist! Ihre Körpersprache gestalten Sie entgegengesetzt zu Ihren Worten. Sie wenden dem Partner/der Partnerin die rechte Körperseite zu und bewegen nur sehr verhalten die rechte Hand. Den Blickkontakt halten Sie nicht ständig aufrecht.

Was meinen Sie, wie Ihr Partner/Ihre Partnerin reagiert? Beobachten Sie seine/ihre Körpersprache!

«Die Worte hör ich wohl – allein mir fehlt der Glaube.»

An dieser Situation stimmt etwas nicht. Das spürt der oder die andere, obwohl er/sie Ihnen nicht auf Anhieb sagen kann, warum. Es tritt eine Störung in der Kommunikation auf. Passiert Ihnen das im Gespräch mit einer unbekannten Person, dann kann die Beziehungsebene nicht optimal gestaltet werden. Sprache und Körpersprache sind eine Einheit. Unser SEPP merkt sofort, wenn das nicht so ist. Er legt die Teile des Bildes zusammen, doch irgendwie passen sie nicht ganz. Diese zerrissenen Bilder gibt er ins limbische System, und dort setzen die Bilder zwiespältige Gefühle frei. Seine Dramenfigur «Hamlet» ließ Shakespeare das so ausdrücken:

«Passt die Gebärde zum Wort, das Wort der Gebärde an, wobei Ihr sonderlich darauf achten müsst, niemals die Bescheidenheit der Natur zu überschreiten!»

Körpersprache wertfrei sehen

Dennoch: Es gibt keine positive oder negative Körpersprache. Ihr Verstehen verlangt ein wertfreies Urteilsvermögen. Die Kenntnisse über Zusammenhänge der Körpersprache können sich positiv auf Ihr Einfühlungsvermögen auswirken. Die Breite Ihres Wahrnehmungsspektrums erweitert sich. Sie können bewusst durchschauen und klärend reagieren. Die wichtigste Voraussetzung bleibt die Vorurteilsfreiheit bei der Interpretation. Um rechnen zu können, müssen Sie die Zahlen kennen. Doch der Vergleich hinkt ein wenig. Mathematisch exakt können Sie nicht vorgehen. Körpersprache ist analog. Mit der logischen Verknüpfung «Wenn ..., dann ...» kämen Sie nicht weit. Dennoch sind einige Grundmuster vorhanden.

Augen beobachten

Wenn Sie die aus diesem Buch erworbenen Kenntnisse einsetzen, können Sie erkennen, auf welche Sinne Ihr Gesprächspartner am meisten zurückgreift. Es ist sein Lernverhalten, bei dem ein bestimmtes Programm dominiert. Sie stellen ihm offene Fragen. Beobachten Sie nun, wohin sich seine Augen bewegen, wenn er die Bilder von seinem SEPP holen lässt. Gehen sie nach **oben**, so hat er sich vorwiegend auf visuelle (gesehene) Bilder spezialisiert. Bleiben seine Augen in der **Mitte**, sucht sein SEPP nach gehörten Bildern, und richtet er seine Augen nach unten, dann lernt er über Erleben, Fühlen und TUN® am besten. Danach richten Sie Ihre Kommunikationsweise aus. Bringen Sie ihm die Aussagen über Ihren Vorschlag in Worten, die seine bevorzugte Lernmethode unterstützen.

Alles klar?
An den Signalen der Körpersprache Ihres Gesprächspartners können Sie erkennen, ob Sie Ihr Anliegen optimal dargelegt haben. Hat er Sie verstanden, oder müssen Sie Ihre Kommunikationsstrategie ändern?

Die Körpergestalt analog deuten

Betrachten wir allgemeine Zuordnungen. Was können wir daraus schließen? Wir TUN® es ohnehin, das heißt, unser SEPP tut es für uns.

Der Psychiater Ernst Kretschmer (1888–1964) ist bei seinen Untersuchungen zu dem Schluss gekommen, dass die Statur eines Menschen im Zusammenhang mit seinem Wesen steht. Aus den verschiedenen Formentypen legte er sich auf Grundtypen fest. Die Zuordnung kann nicht absolut vorgenommen werden, weil jeder Mensch ein Individuum ist und in keine Schablone passt. Die Vereinfachung erleichtert lediglich die Anwendung in der Praxis.

Den aktomorphen oder leptosomen Typ, schmalwüchsig und schlank, trifft man am häufigsten bei Menschen mit intellektuellem Habitus (Aussehen, Verhalten) an. Es ist der Denker, der die Ratio in den Vordergrund stellt.

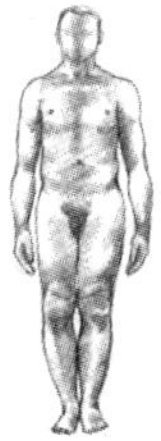

Überwiegend Gefühlsmenschen findet man bei dem etwas fülligen endomorphen (endo – innen, morpho – die Form betreffend) oder pyknischen Typ (pyknisch – griech.: gedrungen, untersetzt, zu Fettansatz neigend). Nicht umsonst sagt der Volksmund: «Dicke sind gemütlich.»

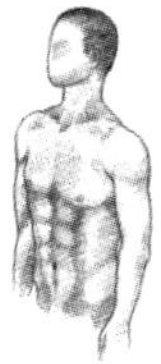

Eine Mischform stellt der athletische oder mesomorphe (mittlere Form) Typ dar. Dieser Typ verkörpert den Praktiker, aber auch den Kämpfer. Ratio und Irratio spielen bei ihm eine Rolle.

Symbolik der Formen

Form des Kopfes

Aus der Form des Kopfes einer Person schließen wir analog auf den Typ des Menschen.

Ein langes, schlankes Gesicht, knochig und kein Lächeln im Gesicht:

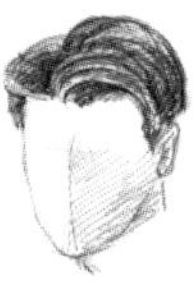

Der Ratio- oder Denkertyp
Vorwiegende Eigenschaften: vielseitig, Kontrolle über Denken und Fühlen, kreativ, geistig beweglich, Führungsqualitäten

Tatsächlich können Sie beobachten, dass dieser Typ unter Managern häufig anzutreffen ist.

Ein runderes Gesicht, auf dem öfter ein Lächeln zu erkennen ist:

Der Irratio-Typ, der emotionale, praktische Typ
Vorwiegende Eigenschaften: praktisch veranlagt, Instinktmensch, vital, unkompliziert, Erfüllung der Leibesforderungen haben Priorität. Die Form der Brille wählt ihr Träger danach aus, ob sie zu ihm passt. Der Ratio-Typ trägt am häufigsten eine eckige Brille, der Irratio-Typ eine mit runderer Form.

Gestalt und Gestik der Hände
Passend zum Kopf die Form der Hände:

Schlanke, lange Hände gehören meist auch zum Kopf des Ratio-Typs.

Kurze, gedrungene Finger zum Irratio- oder Praktiker-Typ.

Zwischen diesen beiden Typen können Sie auch Mischformen erkennen. Jeder Mensch ist ein Individuum für sich, es gibt ihn kein zweites Mal. Vermeiden Sie es also, zu polarisieren oder zu werten. Es sind Grundtypen, von denen hier die Rede ist, keine Schubladen, in die wir Menschen einsortieren.

Welche Bedeutung haben die einzelnen Finger?

Den Daumen zeigen
Der **Daumen** steht für Dominanz. Die Bewegung des Daumens nach unten, im Sinne von «Druck machen», steht dafür. Denken Sie an historische Filme, bei denen Gladiatorenkämpfe zur Handlung gehörten. Der Herrscher machte seine Entscheidung, ob der Unterlegene weiterleben durfte oder nicht, mit der Haltung seines Daumens deutlich. Daumen nach unten = Todesurteil, Daumen nach oben = Begnadigung.

Nun wollen wir uns nicht anmaßen, diese Praktiken zu bewerten. Aus ihrer Welt heraus beurteilten die Menschen das anders als wir heute. Wenn etwas gelungen ist und Sie ein Problem gelöst haben, dann zeigen Sie, mit einem kurzen Ruck der Hand, den aufgestellten Daumen.

Da geht's lang!

Der **Zeigefinger**, wir haben ihn bereits erwähnt, steht für sachliche Bezüge, wie den Weg weisen, auf einer Konstruktionsskizze ein Detail zeigen oder eben die Wichtigkeit einer Sache betonen.

Dominanz und Sachlichkeit

Stellen Sie sich vor, Ihnen erklärt jemand einige Zusammenhänge. Beim Sprechen umkreist er mit dem Zeigefinger die imaginär im Raum stehende Angelegenheit. Wenn er zum «Knackpunkt» kommt, stößt er mit dem Zeigefinger in die Mitte des zuvor in die Luft gezeichneten Kreises.

«Das ist es, worauf es ankommt!» Wenn Sie etwas ganz Präzises meinen, dann legen Sie Daumen und Zeigefinger aufeinander, als wollten Sie etwas ganz Kleines, Empfindliches festhalten. Sie deuten auf eine winzige, aber wichtige Einzelheit hin.

Selbstbewusstsein

Der **Mittelfinger** steht für das Selbstbewusstsein des Menschen. Den so genannten «Stinkefinger» zu zeigen gehört zwar nicht zum «guten Ton», doch mit dem Selbstbewusstsein hat es schon etwas zu TUN®. Wer sich hinreißen lässt, diese Geste zu vollziehen, tut es aus einem gewissen Grund. Zuvor wurde versucht, ihn im Bereich seines Selbstbewusstseins anzugreifen. Dem setzt er demonstrativ seinen Mittelfinger entgegen, was wohl so viel bedeuten soll wie: «Die Maßnahme oder Aussage halte ich für ungerechtfertigt und akzeptiere sie nicht. Mein Selbstwertgefühl hält dagegen.» Oder trivial ausgedrückt: «Ihr könnt mich mal!»

Ist Ihnen eine Sache gut gelungen, dann zeigen Sie dies mit einer Geste, bei der Sie den Daumen und den Mittelfinger zusammenführen. Ihr SEPP sucht Bilder des Triumphes, die Gefühle von Stolz in Ihnen auslösen. Sie haben die Oberhand, also die Macht oder Dominanz errungen, und das fördert Ihr Selbstwertgefühl.

Gefühle

Die Analogie zum **Ringfinger** sind die Gefühle. Am Ringfinger der linken Hand tragen Sie den Verlobungsring. Fällt Ihnen dabei etwas auf? Die linke Körperhälfte und der Ringfinger der linken Hand – könnten Sie starke Gefühle besser unter Beweis stellen? Dass der Ring bei Ehepartnern dann an der rechten Hand getragen wird, könnten wir als ein Zeichen dafür ansehen, dass ein Teil der Gefühle durch sachliche Erwägungen abgelöst wird. Betrachten wir noch einmal unseren SEPP, wie er sprintet, wenn Sie verliebt sind. Ein Bad der Gefühle richtet er in Ihnen an, das fast regelmäßig überläuft: Bei Ehepartnern ist die Wanne mit dem Gefühlsbad eben gerade richtig gefüllt. Es schäumt nichts mehr über. Deshalb tragen wir in unserem Kulturkreis den Ehering an der rechten Hand.

Sozialer Aspekt

Der kleine Finger hat einen sozialen Aspekt. Ein sehr beweglicher kleiner Finger signalisiert, dass Hilfsbedürftigkeit besteht oder dass Hilfe angeboten wird. Er steht auch für soziale Zugehörigkeit. Gehen Liebespaare nicht gerade eng umschlungen spazieren, so können Sie beobachten, dass die kleinen Finger ineinander verhakt werden. Auch kleine Mädchen gehen so, wenn sie mit einer engen Freundin über ihre Welt plaudernd spazieren gehen.

Gesamte Hand: Lange Fingernägel deuten wir als Aggressivität. Viele Ringe an den Händen zeigen, dass der Träger oder die Trägerin an dieser Stelle etwas zu kompensieren oder zu bearbeiten hat.

Haare

Haare stehen für die gefühlsmäßigen Antennen zur Außenwelt.

Kurze glatte Haare		Ratio, verbunden mit kühler Strenge. Ordnung. Leben verläuft in festen Strukturen.
Kurze lockige Haare		Ratio, verbunden mit Gefühl.
Lange glatte Haare		Gefühlsebene betonend. (Offen wallend: warme Ausstrahlung.)
Lange lockige Haare		Steigerung der Gefühlsebene, erhöhte emotionale Ausstrahlung.

Locken locken
Locken – sie locken, verlocken oder locken an. Sie sind ein Ausdruck von Gefühlen. Managerinnen tragen entweder einen kurzen Haarschnitt oder langes Haar zusammengesteckt oder gebunden. Auch das erwarten wir analog ihrer Rolle im Berufsleben. Bei der Armee verläuft das Leben in strengen militärischen Grenzen. Der kurze Haarschnitt ist für einen Soldaten bindend.

In der Zeit der Hippie-Kultur, als sich gerade Jugendliche gegen die strenge Ordnung in der Gesellschaft auflehnten, trugen sie ihre Haare anders als die Elterngeneration. Lang und wild um den Kopf wuchernd. Bis dahin galten lange Haare als weibliches Attribut. Junge Männer ließen ab diesem Zeitpunkt ihre Haare nicht mehr schneiden. Die älteren Generationen waren schockiert. Die Jugendlichen bewerteten ihre Welt mehr nach gefühlsmäßigen Wahrnehmungen. Polarisierungen, die jungen Menschen dieses Alters durchaus eigen sind, neutralisierten sich, als ihr Lebensumfeld neue Anforderungen an sie stellte. Die Haare wurden entweder zusammengebunden oder doch abgeschnitten. Das Pendel suchte seinen Ruhepunkt in Kompromissen.

Bärte

Mann mit Bart = Mann mit Gefühl
Mit Bärten versucht die betreffende Person, weitere Antennen nach außen aufzubauen. Ein **wild wuchernder Bart** weist auf eine hohe Aufnahmebereitschaft emotionaler Eindrücke hin. Ein **kurzer gepflegter Bart** deutet darauf hin, dass die Gefühle doch wieder etwas zurückgenommen werden und Rationalität angestrebt wird. Der so genannte **Dreitagebart** zeigt, dass sich sein Träger außerhalb fester Strukturen bewegt. Er zeigt Gefühl; daran mag es wohl liegen, dass ein Dreitagebart auf Frauen durchaus eine erotische Anziehung ausübt.

Ohren

Die Merkmale der Ohren stehen im oberen Teil der Ohrmuschel für den Ratio-Bereich, im unteren Bereich für die Ausprägung der Irratio.

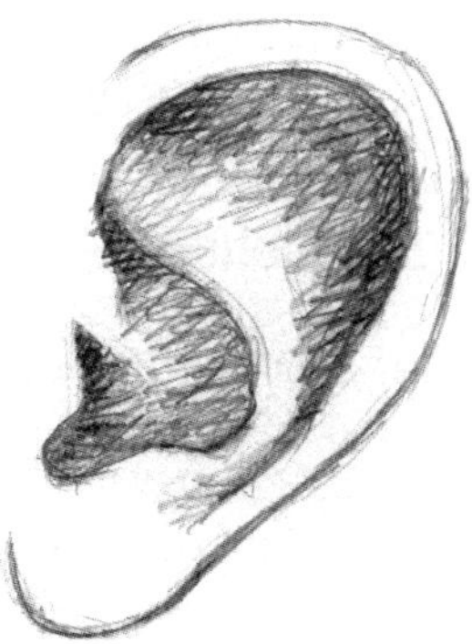

Merkmale	
Größe:	Lebenskraft, Gedankenflut, Aktivität. **Kleines Ohr:** vital, sportlich, gewandt (z. B. Sportler). **Großes Ohr:** geistig aktiv, lebensoffen, will etwas bewegen (z. B. Politiker).
Randleiste:	Willensstärke, Steuerung von Geschehen, introvertiertes oder extrovertiertes (in sich gekehrtes bzw. nach außen gekehrtes) Verhalten. **Dünne Randleiste:** sensible Menschen, oft Perfektionist, Buchhaltertyp, stark im Ego lebend (auf sich selbst bezogen).
Innenleiste:	Ausprägung der Persönlichkeit, des Selbstwertgefühls.
Ohrbucht:	Verhalten zu Lebensvorgängen, Aufgeschlossenheit für Kultur, Bildung, Kunst, Musik (wohlgeformte Ohrbucht = Verstand).
Unterer Einschnitt:	Ausmaß der Konzentrationsfähigkeit.
Ohrläppchen:	Gefühlsbedarf (Tragen von Ohrringen).

Nase

Dominanz

Die Nase steht als Symbol für zwei Dinge – Macht und Sexualität. Eine ausgeprägte Nase steht für Dominanz und auch dafür, dass im Leben ihrer Träger Sexualität eine große Rolle spielt. Die Redewendung *«Der muss seine Nase auch in alle Dinge stecken»* spricht für das Dominanzverhalten desjenigen. Greift sich jemand mit dem Finger an die Nase, so ist das ein Zeichen von Verlegenheit. Bei Nachdenklichkeit reiben wir uns manchmal die Nase, so, als wollten wir mit Hilfe des Geruchssinns der Sache auf die Schliche kommen.

Gerüche aufnehmen

Mit der Nase nehmen wir Geruchsempfindungen auf. Gerüche wirken sich sehr stark auf unser Wohlbefinden aus. *«Jemanden nicht riechen können»* ist gleichbedeutend mit ihn nicht zu mögen. Im Tierreich erkennen sich Tiere der gleichen Gattung am Geruch, bei ihnen ist dieser Sinn weit kräftiger ausgebildet. Wir Menschen können Gerüche nicht so deutlich unterscheiden wie Tiere. Trotzdem sind wir stark auf unseren Geruchssinn als Wahrnehmungsorgan angewiesen. Beim Essen ergänzt der Geruchssinn den Geschmackssinn. Hat die Köchin Schnupfen, so kann sie weit weniger Geschmacksnuancen unterscheiden.

Mund

Schmecken

Der Mund enthält die Zunge, mit der wir die Geschmacksempfindungen wahrnehmen. Eigentlich sind es nur vier Geschmacksrichtungen, die wir tatsächlich schmecken: süß, sauer, bitter und salzig. Auf unserer Zunge sind diese Geschmacksrezeptoren in der Mitte gemischt, die anderen konzentrieren sich jeweils an der Spitze, den Seiten und im hinteren Teil. Ohne Ihren Geschmackssinn könnten Sie so manche Delikatesse gar nicht voll genießen.

Sprechen

Versteht sich jemand entsprechend seinem Typ zu kleiden, dann sagen Sie: *«Sie oder er hat Geschmack.»* So wie bei der Mode übertragen wir diesen Sinn auch auf andere Bereiche. Bei tiefgründigem Nachdenken nehmen wir mitunter den Finger an den Mund, so, als wollten wir den Geschmackssinn zu Rate ziehen. Introvertierte Menschen nehmen, gleich nachdem sie etwas ausgesprochen haben, die Hand an den Mund, als wären sie erschrocken und wollten das Gesagte zurücknehmen.

Lächeln

Die Muskulatur um den Mund herum ermöglicht die vielfältigsten Ausdrucksweisen, vom Lachen bis zu den heruntergezogenen Mundwinkel bei einer weniger guten Erfahrung. Der Zug um den Mund herum zeigt, ob ein Mensch positiv oder negativ denkt, ob bei ihm das Glas stets halb voll oder stets halb leer ist. Mit zunehmenden Alter gräbt sich diese Denkweise immer tiefer ins Gesicht ein.

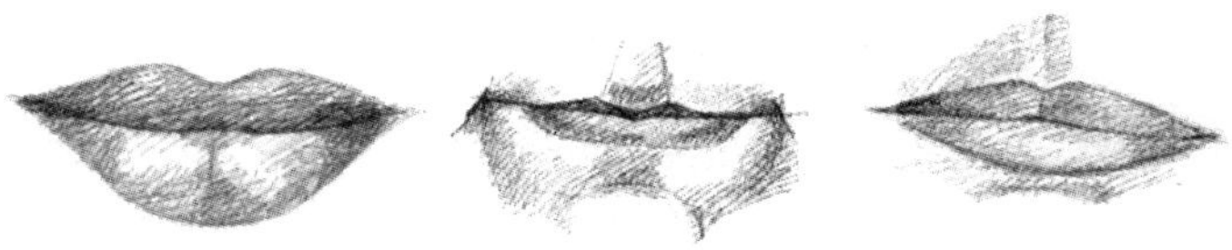

Lippen: Bei Frauen stehen **wohlgeformte, geschwungene Lippen** für Sinnlichkeit. **Schmale Lippen, die fest aufeinander liegen,** signalisieren Härte. Die sachliche Ebene, die Ratio steht im Vordergrund.

Augen

Fenster der Seele

Die Augen sind das Spiegelbild der Seele, so sagt der Volksmund. Der Ausdruck der Augen lässt Empfindungen und Stimmungen sehr deutlich erkennen. Ein klarer, offener Blick schafft Vertrauen. Sie selbst halten im Gespräch Blickkontakt mit Ihren Partnern, das ist sehr wichtig.

SEPP weiß Bescheid

Die Aussage *«Er/Sie kann mir nicht in die Augen schauen!»* lässt im Klartext folgern «Er/Sie hat etwas zu verbergen. Er/Sie ist nicht ehrlich.» In den Augen eines anderen Menschen können Sie lesen wie in einem Buch. Die Klaviatur der Ausdrucksmöglichkeiten der Augen ist unendlich breit. Verlassen Sie sich dabei auf Ihr Gefühl. Ihr SEPP lässt Sie spüren, wenn etwas nicht stimmt.

Zu nahe getreten

Häufiges Blinzeln oder das Abschweifen des Blickes können auch andere Ursachen haben. Vielleicht handelt es sich um einen sehr nervösen Menschen. Es kann auch sein, dass Sie diesem Menschen körperlich zu nahe gekommen sind. Sie sind in seine persönliche Distanz eingedrungen, und darauf reagiert er.

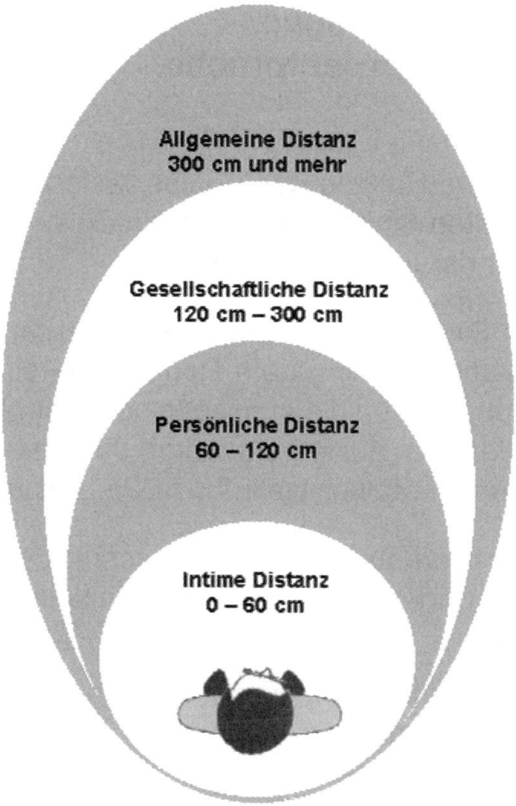

Distanzzonen

Bei den Distanzzonen, die in der Übersicht angegeben sind, handelt es sich um Durchschnittswerte. Bei introvertierten Menschen kann die intime oder persönliche Distanzzone größer sein. Auf jeden Fall reagiert der Mensch auf das Eindringen. In den meisten Fällen wendet er sich ab oder tritt ein Stück zurück, bis die Distanz für ihn annehmbar ist.

Mimik und Gestik: Teile der Körpersprache

Gestik

Die äußere Haltung des Kopfes, welcher Träger der meisten Sinnesorgane ist, drückt einen großen Teil der inneren Haltung aus.

Stellen Sie sich vor, die folgenden Beschreibungen stammen aus einem Roman. Sie sind der Leser und deuten die Aussagen bewusst. Schreiben Sie Ihre Auslegung unter den jeweiligen Satz! Welche Bilder stellt Ihr SEPP zusammen?

1. «Hoch erhobenen Hauptes schritt der Feldherr vor der Schlacht die Reihen seiner Mannen ab.»

2. «Sein Blick richtete sich erwartungsvoll auf mich, Kopf und Körper hatte er mir zugewandt.»

3. «Sie drehte den Kopf leicht zur Seite. Ihr Blick aus den Augenwinkeln traf mich schräg von unten kommend.»

4. «Nachdem er das letzte Wort gesprochen hatte, wandte er den Kopf von mir ab und blickte in die andere Richtung.»

5. «Mit seitlich zur Schulter geneigtem Kopf sah sie mich erwartungsvoll an.»

6. «Während ich ihm meine Sicht der Dinge erläuterte, wiegte er den Kopf beständig hin und her.»

7. «Er saß vor mir im Sessel, wie ein Häufchen Elend, senkte den Kopf und ließ die Schultern nach vorn fallen.»

8. «Wie ein Tier, das zum Sprung ansetzen will, saß er seinem Gesprächspartner gegenüber. Er hatte die Schultern hochgezogen, den Nacken gespannt und blickte ihn von unten an.»

9. «Langsam spannte sich sein Körper, und er warf seinen Kopf zurück. Dabei blickte er unter halb geschlossenen Lidern in die Runde.»

10. «Zum Ende unseres Gesprächs hin war er auf der Sitzfläche des Stuhls immer mehr nach vorn gerückt. Die Unterarme auf seine Oberschenkel gestützt, neigte er sich mir zu. Er sah mir offen in die Augen und nickte hin und wieder.»

Hier meine Interpretation:

1
Haltung aufgerichtet
Betontes Selbstwertgefühl
Ist sich seines Status bewusst
Unnahbarkeit
Persönliche Bedeutsamkeit
Kein Blickkontakt

2
Interesse
Offenheit
Will alle Reize aufnehmen

3
Abschätzend oder abwartend
Misstrauen
Mit Vorurteilen behaftet

4
Betrachtet die Sache endgültig als abgeschlossen
Kein Interesse an weiterem Dialog
Verärgerung, negative Emotion
Keine Kompromissbereitschaft, Verschlossenheit

5
Ist wohlgeneigt und wohlgesonnen
Zuhörbereit
Unter Umständen Wunsch nach mehr Nähe

6
Wechsel zwischen Zustimmung und Ablehnung
Unentschlossenheit
Noch bestehende Zweifel

7 Willenlos
Gedrückte Stimmung
Ohne Spannung und Energie
Fehlende Hoffnung

8 Spannung vor dem Angriff
Will sich durchsetzen, zögert aber noch
Verzweiflung, wenn Abwehr nicht möglich oder ratsam

9 Fühlt sich überlegen, steht über den Dingen
Aufforderung zur Reaktion in der Sache, um die es geht

10 Großes Interesse am Gesagten
Ermutigung, weiterzusprechen
Verstehen
Beziehungsebene positiv
Entspanntheit, offene Atmosphäre

Gestik und Mimik ergänzen einander. Unbewusst entsteht so die Ganzheit. Zuordnungen können also relativ treffsicher nur dann erfolgen, wenn das Zusammenspiel sich ergänzt.

Mimik

«Sieh allzeit den Leuten, mit denen du sprichst, ins Gesicht! Tut man das nicht, so bilden sie sich ein, man habe ein böses Gewissen. Zugleich verlierst du dabei den Vorteil, auf ihrem Gesicht zu bemerken, welchen Eindruck deine Rede macht.»

Diese Erkenntnis kam dem englischen Staatsmann Philip Chesterfield im 18. Jahrhundert.

Lachen die Augen mit dem Mund?

Die Mimik ist die Veränderung der Gesichtsmuskulatur. Viele Muskelgruppen im Gesicht können willentlich gesteuert werden, doch nicht alle. Ein aufgesetztes Lächeln ist ohne Schwierigkeiten von einem «echten» zu unterscheiden. Während bei dem maskenhaften unechten Lächeln nur der Mund verzogen wird, bleiben die Muskeln um die Augen unbewegt. Bei einem Lächeln, das von innen kommt und von einer positiven Einstellung zu Ihrer Person getragen ist, lachen die Augen mit. Lächeln gibt es in verschiedenen Varianten, von einem freundlichen, lächelnden Zug im Gesicht bis hin zum herzhaften, lauten Lachen.

Zusammengezogener Mund

Ein zusammengezogener Mund kann darauf hindeuten, dass sich der Gesprächspartner die Sache auf der Zunge zergehen lassen will. Sein SEPP ist gerade dabei, die Bilder zu vergleichen und abzuwägen. Begleitet wird die Mimik in diesem Fall von einem Hin- und Herwiegen des Kopfes. Ein gespitzter Mund, begleitet von einem gemächlichen Nicken, betont einen besonders anerkennenswerten Tatbestand. Etwas wird gewürdigt.

Verzogener Mund
Heruntergezogene Mundwinkel können der äußere Ausdruck für Missbilligung, Geringschätzung, Abscheu oder Schmerz sein. «Es» soll abfließen. Ein Mundwinkel nach oben, der andere nach unten, dies lässt einen inneren Zwiespalt ahnen. Angehobene Mundwinkel projizieren eine positive Gedankenwelt nach außen, die Worte des Gesprächspartners taten ihm gut, das Selbstwertgefühl hat Streicheleinheiten erhalten.

Offener Mund
Öffnet der Zuhörer seinen Mund, so kann das Erstaunen bedeuten, oder dass er den Redner unterbrechen will, um eigene Gedanken zu äußern.

Waagrechte Stirnfalten

Die Muskelgruppen von Stirn und Augenbrauen sind miteinander verbunden. Das zu sehende mimische Bild bezieht beide mit ein. Durch das **Hochziehen der Augenbrauen** bilden sich auf der Stirn **waagrechte Falten**. Sind die Augen dazu weit geöffnet, so ist die Person aufmerksam.

Senkrechte Falten

Zusammengekniffene Augen und Augenbrauen lassen **senkrechte Falten** auf der Stirn entstehen. Dieser Gesichtsausdruck bedeutet entweder hohe Konzentration oder Zweifel bis Ablehnung. Zur besseren Zuordnung sollten andere Körpersignale bewusst betrachtet werden.

Körperhaltungen

Verschränkte Arme

Verschränkt Ihr Gesprächspartner die Arme vor der Brust, so kann das bedeuten: Er will sich abgrenzen. Lehnt er sich dazu im Sessel zurück, ist ihm diese Haltung angenehm, bequem. Er wartet ab.

Beine übereinander

Schlägt er beim Sitzen die Beine übereinander, die offene Seite Ihnen zugewandt, können Sie auf Sympathie hoffen. Wechselt jemand beim Stehen unruhig von einem Bein auf das andere, so ist ihm die Situation nicht ganz geheuer. Er will weg.

Armbewegungen

Armbewegungen eng um den Körper herum lassen Unsicherheit erahnen. Weite, ausladende Bewegungen sind ein Zeichen für Sicherheit. Verschwinden die Hände hinter dem Rücken, könnte das ein Ausdruck für Befangenheit sein, in einer anderen Situation, verbunden mit ergänzenden Signalen, Arroganz. Also eine verborgene Unsicherheit, die sich hinter einer Fassade von Arroganz verbirgt.

Kommt jemand mit dem Oberkörper sehr weit nach vorn, ist er interessiert, kann aber auch die Absicht haben, Sie zu unterbrechen. Sein SEPP hat ihm eine große Anzahl Bilder gebracht, die er unbedingt aussprechen will. Auf dieses Signal sollten Sie bei Ihren Gesprächspartnern achten und darauf eingehen.

Trommeln mit den Fingern

Trommelt Ihr Gesprächspartner mit den Fingern auf dem Tisch, dann wird er ungeduldig. Er kann Ihren Ausführungen nicht mehr folgen, oder Sie sind gerade dabei, offene Türen einzurennen. Zeit für Sie, eine Frage zu stellen, die den Gesprächsverlauf flüssig hält.

Stift halten

Hält Ihr Gesprächspartner einen Stift in der Hand und dreht ihn nach außen, dann überlegt er; sein SEPP ist gerade dabei, die Bilder auszupacken, die er aussprechen will. Die Gedanken und Bilder bewegen sich auf Sie zu.

Hände auf oder unter dem Tisch

Legt Ihr Gesprächspartner die Hände auf den Tisch, so ist er bereit und fähig, mit Ihnen in Kontakt zu treten. Hält er die Hände unter dem Tisch auf die Schenkel gestützt, kann es sein, dass er im Begriff ist, aufzustehen. Das Gespräch hat sich in der bisherigen Richtung erschöpft. Sie können daraus ersehen, ob Sie Ihre Kommunikationstechnik wechseln sollten oder, wenn der Verlauf sich positiv entwickelt hat, auf den Punkt kommen müssen.

Einsatz von Körpersprache im TUN®

Studieren Sie die Menschen

Das bewusste Wahrnehmen der körpersprachlichen Signale Ihres Gesprächspartners hilft Ihnen, das Richtige im richtigen Augenblick zu TUN® oder zu sagen. Sie können noch besser auf die Bedürfnisse Ihres Gesprächspartners, auch im kommunikativen Bereich, eingehen. Gottfried Keller forderte dazu auf:

> *«Studiere die Menschen, nicht um sie zu überlisten und auszubeuten, sondern um das Gute in ihnen aufzuwecken und in Bewegung zu setzen.»*

Das gilt besonders für Pädagogen, doch ebenso für jeden Menschen.

Spiegeln Sie Ihren jeweiligen Gesprächspartner

Um eine positive Resonanz zum anderen aufzubauen, gleichen Sie Ihre Körperhaltung und Atemfrequenz der Ihres Gegenübers an. Bei Menschen, die sich lange kennen und mögen, geschieht das von ganz allein. Das können Sie in der Öffentlichkeit beobachten, wenn sich Menschen begegnen, die sich kennen oder gemeinsam in einem Restaurant eine Mahlzeit einnehmen. Gemeinsamkeiten sind eine gute Basis für die Schaffung einer positiven Beziehungsebene.

Ihre eigene Körpersprache gestaltet sich durch die Energie Ihrer positiven Einstellung zu Ihren Mitmenschen, hervorgerufen durch die Bilder, die Ihr SEPP bereitstellt. Fordern Sie von ihm die Bilder, die Resonanz zum anderen entstehen lässt.

Durch Ihre Körperhaltung verändert sich der Klang Ihrer Stimme. Sitzen Sie zusammengesunken auf einem Stuhl, so ist Ihr Zwerchfell nicht gespannt und die Stimme klingt kraftlos. Sogar ein Lächeln beim Sprechen ist am Telefon wahrnehmbar. Sind Sie in ein wichtiges Telefongespräch vertieft, werden Sie auch Ihre Worte mit Gesten unterstützen. Beobachten Sie ruhig einmal Personen in einer Telefonzelle: Auch wenn Sie die Worte nicht hören, werden Sie erkennen, ob das Gespräch anregend ist.

Zusammenfassung

1. Achten Sie darauf, dass Ihre Sprache und Körpersprache in Einklang stehen!

2. Ihre Körpersprache entspricht Ihrer inneren Einstellung. Manipulierte Körpersprache wirkt unecht und verursacht Misstrauen.

3. Achten Sie auf die Körpersprache Ihres Gegenübers! Sie können sich so viel besser auf ihn einstellen.

4. Bedenken Sie, dass Ihre Körperhaltung auch Ihre Stimme am Telefon beeinflusst. Seien Sie auch dann nicht nachlässig, wenn Ihnen niemand zusehen kann.

Feedback

Worauf werden Sie nach der Erarbeitung dieses Kapitels besonders achten?
Welche Erkenntnisse wollen Sie für Ihren Erfolg nutzen? Machen Sie hier Ihre Notizen!

Index

Literaturverzeichnis

Aerni, Fritz: *Lehrbuch der Menschenkenntnis.* Zürich 1988

Bierach, Alfred J.: *In Gesichtern lesen. Menschenkenntnis auf den ersten Blick.* Genf 1990

Calamini, Manuele; Grüner, Cordula: *Zähne und Gesundheit. Naturkundlich vorsorgen und behandeln.* Heidelberg 1997

Corell, Werner: *Menschen durchschauen und richtig behandeln. Psychologie für Beruf und Familie.* München 1995

Dahlke, Rüdiger: *Der Mensch und die Welt sind eins.* München 1987

Delacour, Jean Baptiste: *Das große Lexikon der Charakterkunde.* Herrsching 1980

Dethlefsen, Thorwald: *Schicksal als Chance.* München 1979

Dethlefsen, Thorwald; Dahlke, Rüdiger: *Krankheit als Weg.* München 1990

Doucet, Friedrich W.: *Menschenkenntnis. Selbsterkenntnis in Partnerschaft und Beruf.* 1986

Fast, Julius: *Körpersprache.* Reinbek bei Hamburg 1979

Hartenbach, Walter: *Was Ohren verraten.* Frankfurt/Main 1993

Huter, Carl: *Illustriertes Handbuch der praktischen Menschenkenntnis nach meinem System der wissenschaftlichen Psycho-Physiognomik.* Schwaig bei Nürnberg 1985

Ibelgaufts, Renate: *Körpersprache. Wahrnehmen, deuten und anwenden.* Augsburg 1997

Känzig, Rudolf: *Graphologie. Menschen anhand ihrer Schrift verstehen und beurteilen.* München 1991

Klages, Ludwig: *Die Grundlagen der Charakterkunde.* Leipzig 1926
Klages, Ludwig: *Handschrift und Charakter.* Leipzig 1941
Kretschmer, Ernst: *Körperbau und Charakter.* Berlin 1977
Kurtz, Ron; Prestera, Hector: *Botschaften des Körpers. Bodyreading: ein illustrierter Leitfaden.* München 1991
Kupfer, Amandus: *Grundlagen der Menschenkenntnis.* Arlesheim 1989
Kupfer, Siegfried (Hrsg.): *Aus dem literarischen Nachlass von Carl Huter.* Schwaig bei Nürnberg 1985
Kurth, Hans: *Menschenkenntnis auf den ersten Blick.* Genf/München 1989
Kybalion. Eine Studie über die hermetischen Philosophien des alten Ägyptens und Griechenlands. Heidelberg 1997
Landau, Terry: *Von Angesicht zu Angesicht. Was Gesichter verraten und was sie verbergen.* Heidelberg, Berlin, Oxford 1993
Molcho, Samy: *Körpersprache.* München 1998
Reutler, Bernd H.: *Körpersprache verstehen.* München 1995
Rosenberg, Anna: *Körpersprache verstehen und bewusst einsetzen.* o. J.
Röthlein, Brigitte: *Unser Gehirn wird entschlüsselt.* Hamburg 1993
Rückle, Horst: *Körpersprache verstehen und deuten.* Niedernhausen/Ts. 1991/93
Rückle, Horst: *Körpersprache für Manager.* Landsberg/Lech 1998
Ryborz, Heinz: *Menschen erkennen, durchschauen, verstehen.* Zürich 1988
Spiethz, Rudolph: *Menschenkenntnis im Alltag. Körpersprache, Charakterdeutung, Testverfahren.* 1994
Stadtlaender, Chris: *Graphologie.* Rastatt 1995
Zielke, Wolfgang: *Sprechen ohne Worte.* München 1987
Zimbardo, Philip: *Psychologie. Berlin,* Heidelberg 1999

Bernhard P. Wirth-Bücher:

- Alles über Menschenkenntnis, Charakterkunde und Körpersprache; mvg verlag
- In 7 Tagen zum Spitzenverkäufer; mvg verlag
- Was Sie schon immer über Menschenkenntnis, Charakterkunde und Körpersprache wissen wollten; mvg verlag
- 30 Minuten für bessere Menschenkenntnis; GABAL Verlag
- 30 Minuten für bessere Selbsterkenntnis; GABAL Verlag
- Krankheit Schicksal Heilung; Hirthammer Verlag